Kohlhammer | *Krankenhaus*

Angaben zu den Autoren

Prof. Dr. **Joachim Hentze**
ist Leiter der Abteilung Unternehmensführung
des Instituts für Wirtschaftswissenschaften
an der Technischen Universität Braunschweig.

Dr. **Erich Kehres**
ist Prokurist der WRG – Wirtschaftsberatungs- und
Revisionsgesellschaft mbH in Hannover.

Joachim Hentze
Erich Kehres

Buchführung
und Jahresabschluß
in Krankenhäusern

Methodische Einführung

Verlag W. Kohlhammer
Stuttgart Berlin Köln

Die Deutsche Bibliothek – CIP-Einheitsaufnahme

Hentze, Joachim:
Buchführung und Jahresabschluß in Krankenhäusern : methodische
Einführung / Joachim Hentze ; Erich Kehres. – Stuttgart ; Berlin ;
Köln : Kohlhammer, 1998
  (Kohlhammer Krankenhaus)
  ISBN 3-17-015392-7

Alle Rechte vorbehalten
© 1998 Verlag W. Kohlhammer
Stuttgart Berlin Köln
Verlagsort: Stuttgart
Umschlag: Data Images GmbH
Gesamtherstellung:
W. Kohlhammer Druckerei GmbH & Co. Stuttgart
Printed in Germany

Vorwort

Krankenhäuser befinden sich seit Jahren in einer wirtschaftlich zunehmend schwieriger werdenden Lage. Steigende Patientenzahlen und eine – gesetzlich gestützte – einnahmenorientierte Ausgabenpolitik der Krankenkassen lassen ökonomische Ziele der Krankenhäuser, insbesondere die Kostendeckung, an Bedeutung gewinnen.

In einer solchen Situation werden an das Rechnungswesen der Krankenhäuser zunehmende Anforderungen gestellt. Das gilt nicht nur für die Kosten und Leistung als Planungs- und Steuerungsinstrument, sondern auch für Buchführung und Jahresabschluß.

Buchführung und Jahresabschluß sind als „externes Rechnungswesen" nicht nur ein nach außen gerichtetes Instrument der Rechnungs- und Rechenschaftslegung. Die Aufwandsarten laut Buchführung und die Informationen, die die Nebenbuchhaltungen liefern, sind Grundlage der Kosten- und Leistungsrechnung, die entsprechend den gesetzlichen Vorgaben durch einen pagatorischen Kostenbegriff geprägt ist.

Darüber hinaus liefert die Analyse des Jahresabschlusses wertvolle Informationen über die Erfolgsbeiträge der verschiedenen Betätigungsfelder des Krankenhauses. Im Hinblick auf die stationären Krankenhausleistungen wird dabei deutlich, inwieweit das System der dualen Finanzierung zu einer Kostendeckung für das einzelne Krankenhaus führt.

Das vorliegende Buch ist eine methodische Einführung, die sich an Studierende und Praktiker wendet. Vorkenntnisse hinsichtlich der Buchführung werden nicht erwartet. Insofern richtet sich „Buchführung und Jahresabschluß in Krankenhäusern" auch an solche Interessenten, die sich im Selbststudium oder einem Aufbaustudium mit der Thematik vertraut machen wollen.

Unser Dank gilt all denen, die uns bei unserer Arbeit unterstützt haben, insbesondere Frau Ingrid Birker und Herrn Dipl.-Oek. Andreas Ernst für die kritische Durchsicht des Manuskripts sowie Frau Manuela Godglück für die mühevolle Schreibarbeit.

Braunschweig und Nienburg, im Februar 1998

Joachim Hentze

Erich Kehres

Abkürzungsverzeichnis

AB	Anfangsbestand
AbgrV	Abgrenzungsverordnung
AO	Abgabenordnung
AVR	Richtlinien für Arbeitsverträge in den Einrichtungen des Deutschen Caritasverbandes
BAT	Bundesangestelltentarifvertrag
BGBl.	Bundesgesetzblatt
BMÄ	Bewertungsmaßstab für kassenärztliche Leistungen
BPflV	Bundespflegesatzverordnung
CT	Computertomographie
DKG-NT	Tarif der Deutschen Krankenhausgesellschaft für die Abrechnung erbrachter Leistungen und für die Kostenerstattung vom Arzt an das Krankenhaus
DV	Datenverarbeitung
EBM	Einheitlicher Bewertungsmaßstab
EEG	Elektroenzephalogramm
EGO	Ersatzkassen-Gebührenordnung
EKG	Elektrokardiogramm
EStG	Einkommensteuergesetz
GewStG	Gewerbesteuergesetz
GOÄ	Gebührenordnung für Ärzte
GOB	Grundsätze ordnungsmäßiger Buchführung
GuV-Konto	Gewinn- und Verlustkonto
H	Haben
HGB	Handelsgesetzbuch
i.V.m.	in Verbindung mit
ICPM	International Classification of Procedures in Medicine
KGr.	Kontengruppe
KHBV	Krankenhaus-Buchführungsverordnung
KHG	Krankenhausfinanzierungsgesetz
KStG	Körperschaftsteuergesetz
KUGr.	Kontenuntergruppe
LKA	Leistungs- und Kalkulationsaufstellung
RVO	Reichsversicherungsordnung
S	Soll
SB	Schlußbestand
SBK	Schlußbilanzkonto
SGB V	Sozialgesetzbuch, Fünftes Buch - Gesetzliche Krankenversicherung
SR	Sonderregelung
StabG	Stabilisierungsgesetz
UstG	Umsatzsteuergesetz

Inhaltsverzeichnis

1. Grundlagen von Buchführung und Jahresabschluß

1.1 Buchführung und Jahresabschluß als Teil des betrieblichen Rechnungswesens

Hauptaufgabe der Krankenhäuser ist die stationäre Behandlung von Patienten, die neben der Diagnose und Therapie auch Unterkunft und Pflege der Patienten umfaßt.

Daneben werden in unterschiedlichem Umfang ambulante Patienten behandelt sowie Forschung und Lehre betrieben. Die ambulante Behandlung im Krankenhaus ergänzt die ambulante Behandlung durch niedergelassene Ärzte.

Rechtsgrundlage für den Umfang der von Krankenhäusern wahrzunehmenden Aufgaben und ihrer Finanzierung bilden das **Krankenhausfinanzierungsgesetz (KHG)**[1] und die **Bundespflegesatzverordnung (BPflV)**[2].

Krankenhäuser sind überwiegend gemeinwirtschaftliche Betriebe, die durch die Wahrnehmung der ihnen zugeordneten Aufgaben öffentliche Bedürfnisse befriedigen.

Die gesellschaftliche Bedeutung des Angebotes von Krankenhausleistungen hat zur Folge, daß im Krankenhaus die Bedarfsdeckung oberste Maxime wirtschaftlichen Handelns ist. Das bedeutet eine Dominanz des Sachziels (Leistungsziels)[3].

Krankenhäuser werden wirtschaftlich dadurch gesichert, daß ihre Investitionskosten im Wege öffentlicher Förderung übernommen werden und sie daneben „leistungsgerechte" Erlöse aus Pflegesätzen sowie Vergütungen für vor- und nachstationäre Behandlung und für ambulante Operationen erhalten **(Duale Finanzierung)**[4].

---

1 Gesetz zur wirtschaftlichen Sicherung der Krankenhäuser und zur Regelung der Krankenhauspflegesätze (Krankenhausfinanzierungsgesetz – KHG) in der Fassung vom 10. April 1991 (BGBl I S. 886) zuletzt geändert durch Artikel 17 des Pflege-Versicherungsgesetzes (PflegeVG) vom 26. Mai 1994 (BGBl I Nr. 30 S. 1014, 1055)

2 Verordnung zur Regelung der Krankenhauspflegesätze (Bundespflegesatzverordnung – BPflV) als Artikel 1 der Verordung zur Neuordnung des Pflegesatzrechts vom 26. September 1994 (BGBl I S. 2750)

3 Das Formalziel (ökonomische Ziel) Kostendeckung bzw. Erzielen eines angemessenen Gewinnes, der zweckgebunden zu verwenden ist, ist demgegenüber sekundär.

4 vgl. § 4 KHG

Der Krankenhausprozeß zur Erreichung seines Sachzieles ist ein Entscheidungsprozeß, der Planung, Durchführung und Kontrolle umfaßt, Informationen benötigt und sich in Zahlen niederschlägt.

Das **betriebliche Rechnungswesen** umfaßt sämtliche Verfahren, die dazu dienen, das betriebliche Geschehen zahlenmäßig zu erfassen, zu planen und zu kontrollieren.[5] Aus der Verschiedenheit der Aufgaben des betrieblichen Rechnungswesens ergibt sich eine Zweiteilung in **externes Rechnungswesen (Finanzbuchführung und Jahresabschluß)** und **internes Rechnungswesen (Kosten- und Leistungsrechnung).**

Zu den **Aufgaben des externen Rechnungswesens** gehören:
- Feststellen des Betriebsvermögens in der **Bilanz,**
- Gewinn- oder Verlustermittlung in der Erfolgsrechnung (**Gewinn- und Verlustrechnung**),
- Planmäßige, lückenlose und ordnungsgemäße Aufzeichnung aller Geschäftsvorfälle in der **Buchführung.**

Die Buchführung gibt damit einen laufenden Überblick über die Vermögenslage und den Stand der Verbindlichkeiten eines Krankenhauses sowie deren Veränderungen. Sie ist darüber hinaus durch Erfassen der Aufwendungen des Krankenhauses die Grundlage für die Kosten- und Leistungsrechnung.

Durch die Wahrnehmung der genannten Aufgaben dienen **Buchführung und Jahresabschluß** dem Gläubigerschutz, der Information des Krankenhausträgers sowie der betrieblichen Entscheidungskräfte und der sonstigen Aufsichtsorgane.

In geförderten Krankenhäusern[6] gehört der Nachweis der erhaltenen und verwendeten Fördermittel für investive Zwecke in Form des **Anlagennachweises** zum Jahresabschluß.

Gegenstand von Buchführung und Jahresabschluß sind alle monetären Vorgänge zwischen dem Krankenhaus und der Umwelt. Die **Kosten- und Leistungsrechnung** erfaßt hingegen den Prozeß der Leistungserstellung und Leistungsverwertung, insbesondere innerhalb des Krankenhauses.

Während bei der nach außen gerichteten Buchführung die Rechenschaftslegungs- und Informationsaufgabe im Vordergrund steht, bildet die **Kosten- und Leistungsrechnung** den Betriebsprozeß in Kosten- und Leistungsgrößen ab. Damit wird vor allem auf zwei Zwecke abgestellt:

---

5 vgl. Haberstock, L.: Kostenrechnung I, 8. Aufl., Hamburg 1987, S. 7

6 „Geförderte" Krankenhäuser sind solche Krankenhäuser, die in den Krankenhausplan eines Landes aufgenommen sind und Fördermittel zur Finanzierung ihrer Investitionen erhalten. Vgl. §§ 8 bis 11 KHG

- Steuerung und Kontrolle des Betriebsgeschehens,
- Preisbildung.

Die Kosten- und Leistungsrechnung stellt Informationen für die hiermit verbundenen betrieblichen Entscheidungen zur Verfügung.

Die Kosten- und Leistungsrechnung[7] soll dem Krankenhaus insbesondere das Erstellen der Leistungs- und Kalkulationsaufstellung nach den Vorschriften der Bundespflegesatzverordnung ermöglichen,[8] auf deren Grundlage die Leistungsvergütung mit den Krankenkassen verhandelt wird.

1.2 Grundbegriffe des betrieblichen Rechnungswesens

In den verschiedenen Teilgebieten des betrieblichen Rechnungswesens werden Zahlungs- und Leistungsvorgänge mit unterschiedlicher Zielsetzung abgebildet, die teils übereinstimmende und teils abweichende Inhalte aufweisen und für die sich spezifische Begriffe mit festgelegten Inhalten herausgebildet haben. Es handelt sich um folgende Begriffspaare:[9]

(1) Auszahlung – Einzahlung,
(2) Ausgabe – Einnahme,
(3) Aufwand – Ertrag,
(4) Kosten – Leistung.

Zu (1) und (2): *Auszahlung, Ausgabe – Einzahlung, Einnahme*

Auszahlung und **Einzahlung** betreffen den Abfluß bzw. Zufluß liquider Mittel.

Ausgaben und **Einnahmen** umfassen zusätzlich Kreditvorgänge, d. h. den Bereich von Forderungs- und Schuldenentstehung und -abwicklung. Das Begriffspaar Auszahlung – Einzahlung wird erweitert zum Begriffspaar Ausgabe – Einnahme. Dabei gelten folgende Beziehungen:

Ausgabe = Auszahlung + Forderungsabgang + Schuldenzugang
Einnahme = Einzahlung + Forderungszugang + Schuldenabgang

---

7 Zur Kosten- und Leistungsrechnung in Krankenhäusern vgl. Hentze, J., Kehres, E.: Kosten- und Leistungsrechnung in Krankenhäusern, 3. Auflage, Köln 1996
8 Vgl. Verordnung über die Rechnungs- und Buchführungspflichten von Krankenhäusern (Krankenhaus-Buchführungsverordnung – KHBV) vom 10. April 1978 (BGBl I S. 473) in der Bekanntmachung der Neufassung der Krankenhausbuchführungsverordnung vom 24. März 1987 (BGBl I S. 1045), § 8
9 Vgl. zu den folgenden Ausführungen Wöhe G.: Bilanzierung und Bilanzpolitik, 8. Aufl., München 1992, S. 9 ff

3

Zu (3) und (4): *Aufwand – Kosten, Ertrag – Leistung*

„Der **Aufwand** eines bestimmten Zeitabschnittes stellt sich als periodisierte, erfolgswirksame Ausgabe dar. Er ist der Wertverzehr oder der Wertverbrauch einer bestimmten Abrechnungsperiode, der in der Finanz- und Geschäftsbuchhaltung erfaßt und am Jahresende in der Gewinn- und Verlustrechnung ausgewiesen wird."[10]

Kosten sind bewerteter Verzehr von Gütern und Dienstleistungen, der zur Erreichung des Betriebszweckes sowie zur Aufrechterhaltung der erforderlichen Kapazitäten entsteht.

Diese Definition des sogenannten **wertmäßigen Kostenbegriffes** enthält drei Merkmale:

(1) Güterverbrauch

Zum Güterverbrauch zählen nicht nur der Verbrauch an Roh-, Hilfs- und Betriebsstoffen, sondern auch die Nutzung von Betriebsmitteln, die Inanspruchnahme von Dienstleistungen sowie die Entrichtung öffentlicher Abgaben.

(2) Leistungsbezogen

Nicht jeder Güterverbrauch stellt Kosten dar, sondern nur der Güterverbrauch, der im Zusammenhang mit der Erstellung betrieblicher Leistungen anfällt, d. h. der Leistungen, die in Erfüllung des Sachzieles des Betriebes erbracht werden.

(3) Bewertung

Durch die Bewertung werden aus Mengengrößen Geldgrößen (Wertgrößen). Wie die Bewertung zu erfolgen hat (z. B. Anschaffungspreise, Wiederbeschaffungspreise, Festpreise), richtet sich nach dem Zweck der Rechnung.[11]

Der größte Teil der Aufwendungen fällt im Zusammenhang mit der Erfüllung des Betriebszweckes an. Es handelt sich um **Zweckaufwand,** der von der Aufwandsrechnung unmittelbar als **Grundkosten** in die Kostenrechnung übernommen werden kann. Insofern stimmen Aufwand und Kosten überein.

---

10 Hummel, S., Männel, W.: Kostenrechnung 1: Grundlagen, Aufbau und Anwendung, 4. Aufl., Wiesbaden 1990, S. 69

11 Lt. § 8 KHBV sind im Rahmen der Kosten- und Leistungsrechnung die Kosten nachprüfbar aus der Buchführung herzuleiten. Insofern wird für diesen Rechnungszweck im Krankenhaus ein „pagatorischer" Kostenbegriff vorgeschrieben, der auf Zahlungsbzw. Einnahmen-Ausgaben-Ströme abstellt. Diese Aussage schließt jedoch nicht aus, für Zwecke der Betriebssteuerung auch von einem anderen (wertmäßigen) Kostenbegriff auszugehen.

Keinen Kostencharakter haben die sogenannten **neutralen Aufwendungen**. Es handelt sich dabei um

- *betriebsfremde Aufwendungen*, d. h. Aufwendungen, die nicht den Betriebszweck betreffen,
- *außerordentliche Aufwendungen*, die zwar im Zusammenhang mit dem Betriebszweck entstehen, wegen ihrer außerordentlichen Höhe und ihres Anfalls in schwankender Höhe die Aussagefähigkeit der Erfolgsrechnung beeinträchtigen, wenn sie in ihrer tatsächlichen Höhe erfaßt und berücksichtigt werden,
- *periodenfremde Aufwendungen*, die frühere Perioden betreffen und deswegen die Erfolgsrechnung der laufenden Periode nicht beeinträchtigen sollen.

Nach der bisherigen Betrachtung erscheint der Aufwand gegenüber den Kosten der umfassendere Begriff.

Diese Aussage wird relativiert, wenn man berücksichtigt, daß es Kosten gibt, die deswegen nicht gleichzeitig Aufwand darstellen, weil sie nicht von Ausgaben oder von Ausgaben in abweichender Höhe begleitet sind.

Diese **(kalkulatorischen) Kosten** dienen dazu, die in der Kostenrechnung anzusetzenden Werte zu normalisieren (**Anderskosten**) und Betriebe kostenrechnerisch vergleichbar zu machen (**Zusatzkosten**). Ersteres betrifft abweichende Wertansätze für in der Buchführung verarbeitete Aufwendungen, z. B. Abschreibungen und/oder bestimmte außerordentliche Aufwendungen. Letzteres bezieht sich insbesondere auf kalkulatorische Eigenkapi-

Aufwand					
Neutraler Aufwand			Zweckaufwand		
Betriebs-fremder Aufwand	Perioden-fremder Aufwand	Außer-ordentlicher Aufwand			
			Grund-kosten	Anders-kosten	Zusatz-kosten
				Kalkulatorische Kosten	
			Kosten		

Abb. 1: Abgrenzung von Kosten und Aufwand

talzinsen, kalkulatorische Eigenmiete und kalkulatorischen Unternehmerlohn, denen keine Aufwendungen gegenüberstehen.
Die Abgrenzung zwischen den Begriffen Aufwand und Kosten wird in der Abbildung 1 veranschaulicht.
Die in der **Erfolgsrechnung** dem Aufwand gegenüberstehende Größe ist der **Ertrag**. Die Abgrenzung zwischen Ertrag und (wertmäßiger) Leistung[12] erfolgt systematisch in gleicher Weise wie die Abgrenzung zwischen Aufwand und Kosten.
Ertrag ist der in Geld bewertete Wertzugang einer Periode. Resultiert der Ertrag aus dem Prozeß der betrieblichen Leistungserstellung, so handelt es sich um einen **Betriebsertrag**; ist das nicht der Fall, so liegt ein **neutraler Ertrag** vor.
Der **Erfolg** eines Betriebes wird mit Hilfe der erläuterten Begriffe durch folgende Beziehungen in der Bilanz und Gewinn- und Verlustrechnung sowie in der Kosten- und Leistungsrechnung beschrieben:

1. Bilanz und Gewinn- und Verlustrechnung

Betriebsertrag	./.	Zweckaufwand	=	Betriebserfolg
neutraler Ertrag	./.	neutraler Aufwand	=	neutraler Erfolg
Gesamtertrag	./.	Gesamtaufwand	=	Gesamterfolg
Gesamtertrag	>	Gesamtaufwand	=	Bilanzgewinn
Gesamtertrag	<	Gesamtaufwand	=	Bilanzverlust

2. Kosten- und Leistungsrechnung

Betriebsertrag	./.	Zweckaufwand	=	Betriebserfolg

---

12 Die den Kosten gegenüberstehende Rechengröße wird häufig als Leistung bezeichnet. Der Leistungsbegriff wird jedoch nicht ausschließlich wertmäßig, sondern auch mengenmäßig verwendet.
Die Leistungsrechnung im Krankenhaus ist in erster Linie eine Mengenrechnung. Der Begriff der Leistung wird insofern im Sinne von Mengenleistung gebraucht. Für die Wertleistung wird der Begriff Erlös benutzt.
Der Begriff der wertmäßigen Leistung ist im allgemeinen umfassender als der Begriff Erlös. Es gilt folgende Beziehung: Leistung = Erlöse + Lagerbestandsveränderungen
Da jedoch im Krankenhaus als Dienstleistungsbetrieb Lagerbestandsveränderungen (im Sinne von Fertigerzeugnissen) entfallen, ist die Gleichsetzung von wertmäßiger Leistung und Erlös vertretbar und ein praktikabler Weg, um Wertleistung und Mengenleistung zu unterscheiden.

1.3 Das System der doppelten Buchführung

1.3.1 Inventur, Inventar, Bilanz

Jedes Krankenhaus hat zu Beginn seiner Betriebstätigkeit seine Grundstücke, seine Forderungen und Schulden, den Bestand an liquiden Mitteln sowie seine sonstigen Vermögensgegenstände festzustellen und dabei den Wert der einzelnen Vermögensgegenstände und Schulden anzugeben.[13]
Die hierzu erforderliche Tätigkeit nennt man Inventur.
Die **Inventur** ist die mengen- und wertmäßige Bestandsaufnahme aller Vermögensteile und Schulden zu einem bestimmten Zeitpunkt.
Die körperliche (mengenmäßige) Bestandsaufnahme bedarf einer sorgfältigen Vorbereitung und Durchführung, um zu erreichen, daß alle Vermögensteile vollständig erfaßt, Doppelzählungen ausgeschlossen werden und der Betriebsablauf nicht gestört wird.
Es hat sich als sinnvoll erwiesen, einen Inventurleiter zu bestimmen, der einen Aufnahmeplan erstellt, in dem die einzelnen Inventurbereiche, die personelle Besetzung der Aufnahmegruppen, die zu verwendenden Aufnahmevordrucke und -richtlinien sowie der Zeitpunkt der Inventur festgelegt sind.
Die körperliche Bestandsaufnahme ist nur ein Teil der Inventur. „Unkörperliche" Vermögensgegenstände, wie Forderungen und Schulden, ergeben sich aus Belegen und Buchungen, werden also in Form einer Buchinventur ermittelt. Manche Krankenhäuser lassen sich den jeweiligen Kontenstand zum Jahresende von ihren Kunden und Lieferanten durch Unterschrift bestätigen (Saldenbestätigung). Auf diese Weise erhält man eine Kontrolle der Buchbestände.

Für die körperliche Bestandsaufnahme der Warenvorräte sehen Krankenhausbuchführungsverordnung und HGB folgende Möglichkeiten vor:

- *Stichtagsinventur*
  Die Inventur zum Abschlußstichtag ist besonders bei der Erfassung umfangreicher Warenvorräte zeitraubend und schwierig und häufig mit Beeinträchtigungen des Arbeitsablaufes – im Krankenhaus besonders in der Krankenhausapotheke – verbunden.
- *Permanente Inventur*
  Werden mit einer Lagerbuchhaltung (Materialrechnung) die Zu- und Abgänge der Waren nach Art, Menge und Wert während des Geschäftsjahres erfaßt, so läßt sich zum Abschlußstichtag der Bestand buchmäßig nachweisen.

---

13 Vgl. § 3 KHBV i.V.m. § 240 HGB

7

Die in der Materialrechnung ausgewiesenen Buchbestände müssen zu einem beliebigen Zeitpunkt während des Jahres durch eine körperliche Bestandsaufnahme überprüft werden. Durch die permanente Inventur läßt sich die körperliche Bestandsaufnahme über das ganze Jahr verteilen. Dadurch können die Bestandsaufnahmen ohne Unterbrechung des laufenden Betriebsprozesses durchgeführt werden. Darüber hinaus lassen sich eventuelle Inventurdifferenzen meist schneller klären.

- *Verlegte Inventur*
  Hierbei wird die mengenmäßige Erfassung der Warenvorräte auf einen Zeitpunkt innerhalb der letzten drei Monate vor oder der zwei ersten Monate nach Abschluß des Geschäftsjahres „verlegt". Die Inventurwerte müssen dann auf den Abschlußstichtag fortgeschrieben bzw. zurückgerechnet werden.
  Auch die verlegte Inventur bedeutet gegenüber der Stichtagsinventur eine deutliche Erleichterung.

Das Ergebnis der Inventur ist das **Inventar**, ein Bestandsverzeichnis aller Vermögensteile und Schulden nach Art, Menge und Wert.

Bei den Vermögensteilen wird dabei unterschieden in:
- *Anlagevermögen*
  Zum Anlagevermögen zählen die materiellen und immateriellen Vermögensgegenstände, die einem Betrieb auf Dauer zur Nutzung dienen und damit die Grundlage für die betriebliche Tätigkeit bilden. Hierzu zählen insbesondere Grundstücke und Gebäude, technische Anlagen sowie Einrichtungen und Ausstattungen (Maschinen, Geräte, Betriebs- und Geschäftsausstattung).
- *Umlaufvermögen*
  Zum Umlaufvermögen zählen insbesondere Vorräte, Forderungen (vor allem solche aus Lieferungen und Leistungen), Bankguthaben und Bargeld. Im Gegensatz zum Anlagevermögen wird das Umlaufvermögen im Rahmen der betrieblichen Tätigkeit laufend verändert, d. h. die jeweiligen Vermögensteile sind in „Umlauf".

Im Inventar werden die Vermögensteile nach steigender Liquidität gegliedert (Vorräte, Forderungen, Bankguthaben, Bargeld).

Die Schulden werden nach Fälligkeit gegliedert in:
- langfristige Schulden (Hypotheken und Darlehensschulden),
- kurzfristige Schulden (Verbindlichkeiten bei Lieferanten und Banken).

Die Gegenüberstellung der Summe der Vermögensteile und der Summe der Schulden ergibt das Reinvermögen (Eigenkapital). Es gilt also die Beziehung:

Vermögensteile ./. Schulden = Reinvermögen (Eigenkapital)

Das Inventar ist eine sehr umfangreiche Aufstellung, weil Vermögensteile und Schulden nach Art, Menge und Wert im einzelnen darzustellen sind. Hierunter leidet die Übersichtlichkeit, d. h. es ist nicht möglich, „auf einen Blick" festzustellen, wie groß Forderungen und Verbindlichkeiten sind. Eine verdichtete Übersicht über das Inventar vermittelt die **Bilanz.**

Die Bilanz ist eine verkürzte Abbildung der Inhalte des Inventars, bei der auf eine mengenmäßige Darstellung des Vermögens und der Schulden verzichtet wird. Sie enthält lediglich die Werte gleichartiger Vermögens- bzw. Schuldenteile.

Ein weiterer Unterschied gegenüber dem Inventar ergibt sich aus der Form der Darstellung:

In der Bilanz werden Vermögen und Kapital (Eigenkapital und Fremdkapital) in einem Konto gegenübergestellt.

Das **Konto** ist eine zweiseitige Rechnung, ursprünglich in T-Form zur übersichtlichen Darstellung bzw. Aufzeichnung verschiedener Sachverhalte bzw. Werte. Heute erfolgt die Darstellung überwiegend in Reihenform.

Das Vermögen steht auf der linken Seite (Aktivseite) der Bilanz. Eigenkapital und Fremdkapital stehen auf der rechten Seite (Passivseite) der Bilanz.

Ausgehend von der Struktur des Inventars bildet das Eigenkapital (Reinvermögen) in der Bilanz den Ausgleich zwischen dem Vermögen und den Schulden. Die Summen der beiden Bilanzseiten stimmen daher überein.

Die nachfolgende Abbildung 2 (Seite 10) zeigt ein Beispiel einer vereinfachten Bilanz.

Die Passivseite der Bilanz zeigt die Herkunft der finanziellen Mittel (Mittelherkunft bzw. Vermögens**quellen**), die Aktivseite weist die Verwendung des Kapitals (Mittelverwendung bzw. Vermögens**formen**) aus.

Die rechnerische Gleichheit der beiden Bilanzseiten kann als **Bilanzgleichung** ausgedrückt werden:

Aktiva	= Passiva
Vermögen	= Kapital
Vermögensformen	= Vermögensquellen

Da das Kapital aus Eigenkapital und Fremdkapital besteht, läßt sich aus der Bilanzgleichung die Beziehung ableiten, die auch für das Inventar gilt:

Eigenkapital = Vermögen ./. Fremdkapital

9

Bilanz zum 31.12.19..

Aktiva	DM	*Passiva*	DM
1. Anlagevermögen		1. Eigenkapital	8.000.000
1.1 Grundstücke und Betriebsbauten	10.000.000	2. Verbindlichkeiten gegenüber Kreditinstituten	7.755.000
1.2 Technische Anlagen	1.000.000		
1.3 Einrichtungen und Ausstattungen	4.000.000	3. Verbindlichkeiten aus Lieferungen und Leistungen	100.000
2. Umlaufvermögen		4. Sonstige Verbindlichkeiten	50.000
2.1 Vorräte	300.000		
2.2 Forderungen aus Lieferungen und Leistungen	500.000		
2.3 Bankguthaben	100.000		
2.4 Kasse	5.000		
	15.905.000		15.905.000

Abb. 2: Beispiel einer vereinfachten Bilanz

1.3.2 Wertveränderungen in der Bilanz

1.3.2.1 Vermögensumschichtungen

Die Bilanz als Aufstellung des Vermögens und der Schulden eines Betriebes zu einem bestimmten Zeitpunkt erfährt durch die Geschäftstätigkeit laufend Veränderungen.

Im Hinblick auf Vermögensumschichtungen sind vier Änderungsmöglichkeiten der Bilanz zu unterscheiden, die im folgenden ausgehend von einer vereinfachten Bilanz dargestellt werden.

Ausgangsilanz

A k t i v a	DM	*P a s s i v a*	DM
Anlagevermögen	2.000.000	Eigenkapital	1.600.000
Vorräte	290.000	Verbindlichkeiten gegenüber Kreditinstituten (Darlehen)	800.000
Bankguthaben	200.000		
Kasse	10.000		
		Verbindlichkeiten aus Lieferungen und Leistungen	100.000
	2.500.000		2.500.000

(1) Aktivtausch

Beispiel:
Bareinkauf einer Büromaschine für 3.000 DM
Der Geschäftsvorfall betrifft nur die Aktivseite der Bilanz. Verändert werden folgende Bilanzposten:

	DM
Anlagevermögen	+ 3.000
Kasse	./. 3.000

Die veränderte Bilanz hat folgende Struktur:

A k t i v a	DM	*P a s s i v a*	DM
Anlagevermögen	2.003.000	Eigenkapital	1.600.000
Vorräte	290.000	Verbindlichkeiten gegenüber Kreditinstituten (Darlehen)	800.000
Bankguthaben	200.000		
Kasse	7.000		
		Verbindlichkeiten aus Lieferungen und Leistungen	100.000
	2.500.000		2.500.000

11

(2) Passivtausch

Beispiel:
Eine (kurzfristige) Verbindlichkeit aus Lieferungen und Leistungen in Höhe von 40.000 DM wird in eine Darlehensschuld umgewandelt.
Der Geschäftsvorfall betrifft nur die Passivseite der Bilanz, und zwar:

	DM
Verbindlichkeiten aus Lieferungen und Leistungen	./. 40.000
Darlehen	+ 40.000

Die Bilanz hat nun folgende Struktur:

Ausgangsilanz

Aktiva	DM	*Passiva*	DM
Anlagevermögen	2.003.000	Eigenkapital	1.600.000
Vorräte	290.000	Verbindlichkeiten gegenüber Kreditinstituten (Darlehen)	840.000
Bankguthaben	200.000		
Kasse	7.000		
		Verbindlichkeiten aus Lieferungen und Leistungen	60.000
	2.500.000		2.500.000

(3) Aktiv-Passivmehrung

Beispiel:
Einkauf von Arzneimitteln für 100.000 DM auf Ziel.
Der Geschäftsvorfall betrifft sowohl die Aktivseite als auch die Passivseite der Bilanz.
Folgende Bilanzposten erfahren Veränderungen:

	DM
Vorräte	+ 100.000
Verbindlichkeiten aus Lieferungen und Leistungen	+ 100.000

Die wiederum veränderte Bilanz hat nun folgende Struktur:

Aktiva	DM	*Passiva*	DM
Anlagevermögen	2.003.000	Eigenkapital	1.600.000
Vorräte	390.000	Verbindlichkeiten gegenüber Kreditinstituten (Darlehen)	840.000
Bankguthaben	200.000		
Kasse	7.000		
		Verbindlichkeiten aus Lieferungen und Leistungen	160.000
	2.600.000		2.600.000

(4) Aktiv-Passivminderung

Beispiel:
Ausgleich der Rechnung in Höhe von 100.000 DM für gelieferte Arzneimittel.
Der Geschäftsvorfall betrifft wiederum die Aktivseite und die Passivseite der Bilanz.

Veränderungen erfahren folgende Bilanzposten:

	DM
Verbindlichkeiten aus Lieferungen und Leistungen	./. 100.000
Bankguthaben	./. 100.000

Die neue Bilanz hat folgende Struktur:

Aktiva	DM	*Passiva*	DM
Anlagevermögen	2.003.000	Eigenkapital	1.600.000
Vorräte	390.000	Verbindlichkeiten gegenüber Kreditinstituten (Darlehen)	840.000
Bankguthaben	100.000		
Kasse	7.000		
		Verbindlichkeiten aus Lieferungen und Leistungen	60.000
	2.500.000		2.500.000

13

Zusammenfassend läßt sich folgendes feststellen:
- Jeder Geschäftsvorfall verändert zwei Bilanzposten.
- Betrifft ein Geschäftsvorfall nur eine Seite der Bilanz, so steht der Mehrung eines Postens immer die Minderung eines anderen Postens in gleicher Höhe gegenüber.
- Betrifft ein Geschäftsvorfall beide Seiten der Bilanz, so steht der Mehrung eines Postens immer die Mehrung eines anderen Postens in gleicher Höhe gegenüber, d.h. der Aktivmehrung eine Passivmehrung und der Aktivminderung eine Passivminderung. Durch die Geschäftsvorfälle ändert sich die Bilanzstruktur, nicht jedoch die Bilanzgleichung.

Die obigen Geschäftsvorfälle, anhand derer die grundsätzlichen Möglichkeiten von Vermögensumschichtungen in der Bilanz dargestellt wurden, haben die Posten der ursprünglichen Bilanz verändert, das Eigenkapital blieb jedoch unverändert.
Das heißt, die bisher betrachteten Geschäftsvorfälle führten nur zu Bestandsveränderungen; ein Erfolg und damit eine Veränderung des Eigenkapitals (Reinvermögens) war damit nicht verbunden.

1.3.2.2 Vermögensänderungen

Unter Abschnitt 1.3.2.1 werden solche Geschäftsvorfälle betrachtet, die zu einer Umschichtung von Bilanzposten führen, ohne dabei das Eigenkapital zu verändern. Die betriebliche Tätigkeit zielt jedoch auf eine Vermehrung des Eigenkapitals und damit auf einen positiven Unternehmenserfolg (Gewinn) ab. Veränderungen des Eigenkapitals erfolgen durch Erträge und Aufwendungen sowie durch Entnahmen und Einlagen. Erträge und Einlagen erhöhen, Aufwendungen und Entnahmen vermindern das Eigenkapital.
Aufwendungen und Erträge resultieren aus erfolgswirksamen Geschäftsvorfällen; die durch Entnahmen und Einnahmen verursachten Veränderungen des Eigenkapitals sind in der Regel erfolgsneutral.

Ein **Zuwachs des Eigenkapitals** kann erfolgen durch:
- Erhöhung der Aktiva durch Erträge, und zwar
  - Erhöhung eines Aktivpostens ohne Änderung eines anderen Aktivpostens oder der Verbindlichkeiten, z. B. Verkauf von Lieferungen und Leistungen,
  - die Erhöhung eines Aktivpostens, die größer ist als die Verminderung eines anderen Aktivpostens, z. B. Verkauf von Anlagegütern zu einem Preis, der den Buchwert übersteigt.

- Minderung der Verbindlichkeiten durch Erträge (bei unverändertem Vermögen), z. B. Verkauf von Lieferungen und Leistungen an einen Lieferanten und Verrechnung mit Verbindlichkeiten aus Lieferungen und Leistungen, die gegenüber diesem Lieferanten bestehen.

Minderungen des Eigenkapitals können resultieren aus:
- Minderungen der Aktiva durch Aufwendungen (bei konstanten Verbindlichkeiten), z. B. Zahlung von Gehältern und sonstigen Personalkosten, eine Forderung aus Lieferungen und Leistungen wird uneinbringlich, Verkauf von Anlagegütern unter dem Buchwert.
- Erhöhung der Passiva durch Aufwendungen (bei konstantem Vermögen), z. B. Bilden einer Rückstellung[14] für noch durchzuführende Reparaturen.

1.3.2.3 Wertveränderungen der Bilanz durch Geschäftsvorfälle im Überblick

Im Hinblick auf die ausgelösten Veränderungen in der Bilanz lassen sich Geschäftsvorfälle wie folgt strukturieren:

Arten	Auswirkungen auf den Erfolg bzw. das Eigenkapital
1. Vermögensumschichtungen 1.1 Aktivtausch 1.2 Passivtausch 1.3 Aktiv-Passivmehrung 1.4 Aktiv-Passivminderung	erfolgsneutral

2. Vermögensänderungen
2.1 Eigenkapitaländerungen durch Erträge und Aufwendungen
2.1.1 Eigenkapitalerhöhungen durch Erträge
  • Erhöhung der Aktiva durch Erträge
  • Minderung der Passiva durch Erträge
2.1.2 Eigenkapitalminderungen durch Aufwendungen
  • Minderung der Aktiva durch Aufwendungen
  • Erhöhung der Passiva durch Aufwendungen
	erfolgswirksam

---

14 Zu den Rückstellungen vgl. Abschnitt 2.3.3

15

Arten	Auswirkungen auf den Erfolg bzw. das Eigenkapital
2.2 Eigenkapitaländerungen durch Entnahmen und Einlagen 2.2.1 Eigenkapitalminderungen durch Entnahmen 2.2.2 Eigenkapitalerhöhungen durch Einlagen	erfolgsneutral

1.3.3 Einzelabrechnung der Bilanzposten auf Konten

1.3.3.1 Auflösung der Bilanz in Konten

In der Praxis ist eine laufende Fortschreibung der Bilanz entsprechend den verschiedenen Geschäftsvorfällen nicht praktikabel.

Um eine übersichtliche Einzelabrechnung jedes Bilanzpostens zu ermöglichen, löst man die Bilanz in Konten auf, die den Wert laut Eröffnungsbilanz (Bilanz am Anfang des Geschäftsjahres) und alle Veränderungen des Anfangsbestandes ausweisen.

Dieser Zusammenhang wird nachfolgend in Abbildung 3 (Seite 17) anhand eines einfachen Beispiels erläutert.

Auf der linken Seite der Abbildung stehen die **Aktivkonten**, bei denen die Anfangsbestände (AB) auf der Sollseite (der linken Seite) stehen, da sie der Abrechnung der Aktivposten dienen, d. h. der Posten, die in der Bilanz auf der linken Seite stehen.

Dementsprechend werden die Mehrungen auch auf der Seite der Anfangsbestände ausgewiesen, da diese den Anfangsbestand erhöhen. Die Minderungen werden auf der Habenseite, der rechten Seite, aufgeführt.

Saldiert man die Minderungen auf der Habenseite mit dem Anfangsbestand und den Mehrungen auf der Sollseite, so erhält man als Saldo den Schlußbestand (SB). Jedes Konto schließt damit am Ende des Abrechnungszeitraums auf beiden Seiten (Soll und Haben) mit der gleichen Summe ab.

Auf der rechten Seite der Abbildung stehen die **Passivkonten**, bei denen die Anfangsbestände auf der Habenseite (der rechten Seite) stehen, da sie der Abrechnung der Passivposten dienen, die in der Bilanz auf der rechten Seite stehen.

Dementsprechend stehen die Mehrungen ebenfalls auf der Habenseite, da sie die Bestände erhöhen. Die Minderungen stehen auf der Sollseite (der linken Seite).

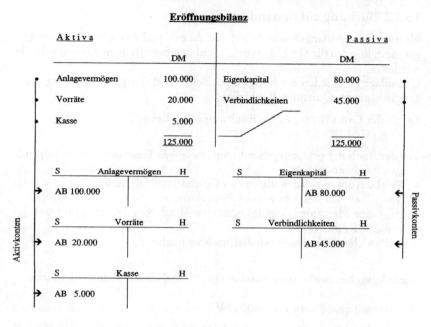

Abb. 3: Auflösung der Bilanz in Konten

Saldiert man die Minderungen auf der Sollseite mit dem Anfangsbestand und den Mehrungen auf der Habenseite, so erhält man als Saldo den Schlußbestand.

Soll	Aktivkonto	Haben
AB + Mehrungen		Minderungen SB

Soll	Passivkonto	Haben
Minderungen SB		AB + Mehrungen

Der Schlußbestand (Saldo) eines Kontos wird immer nach der größeren Seite benannt. Dementsprechend hat das Aktivkonto einen Sollsaldo, das Passivkonto einen Habensaldo.

17

1.3.3.2 Buchung auf Bestandskonten

Nachdem die Anfangsbestände auf den Aktiv- und Passivkonten vorgetragen sind, können die Geschäftsvorfälle auf den betreffenden Konten gebucht werden.
Grundlage einer jeden Buchung ist ein Beleg (z. B. Eingangsrechnung, Ausgangsrechnung, Quittung, Bankbeleg).

Es gilt der Grundsatz: **„Keine Buchung ohne Beleg".**

Vor der Buchung sind, ausgehend vom jeweiligen Geschäftsvorfall, folgende Fragen zu beantworten:
- Welche Konten werden durch den Geschäftsvorfall berührt?
- Handelt es sich um Aktiv- oder Passivkonten?
- Liegt eine Mehrung (Zugang) oder eine Minderung (Abgang) auf dem jeweiligen Konto vor?
- Auf welcher Kontenseite ist demnach zu buchen?

Diese Vorgehensweise sei anhand einiger einfacher Beispiele verdeutlicht:

(1) Barkauf von Waren für 1.000 DM

Die Vorräte vermehren sich um 1.000 DM.
Der Kassenbestand vermindert sich um 1.000 DM.

Buchung:

Vorräte (Aktivkonto):	Soll	1.000 DM
Kasse (Aktivkonto):	Haben	1.000 DM

(2) Ausgleich einer Lieferantenrechnung in Höhe von 5.000 DM durch Banküberweisung

Die Verbindlichkeiten aus Lieferungen und Leistungen vermindern sich um 5.000 DM.
Das Bankguthaben nimmt um 5.000 DM ab.

Buchung:

Verbindlichkeiten aus Lieferungen und Leistungen (Passivkonto):	Soll	5.000 DM
Bank (Aktivkonto):	Haben	5.000 DM

(3) Ein Kunde begleicht eine Rechnung in Höhe von 10.000 DM

Der Bestand an Forderungen nimmt ab um 10.000 DM.
Das Bankguthaben nimmt um 10.000 DM zu.

<u>Buchung:</u>

Bank (Aktivkonto):	Soll	10.000 DM
Forderungen (Aktivkonto):	Haben	10.000 DM

(4) Zielkauf von Waren für 8.000 DM

Die Vorräte nehmen um 8.000 DM zu.
Die Verbindlichkeiten nehmen ebenfalls um 8.000 DM zu.

<u>Buchung:</u>

Vorräte (Aktivkonto):	Soll	8.000 DM
Verbindlichkeiten (Passivkonto):	Haben	8.000 DM

Die Beispiele machen deutlich, daß jeder Geschäftsvorfall zu Veränderungen auf zwei Konten führt. Bei dem einen Konto wird im Soll, bei dem anderen Konto wird im Haben gebucht.
Bisher wurden die Auswirkungen der Geschäftsvorfälle direkt in der Bilanz (vgl. Abschnitt 1.3.2) dargestellt oder direkt auf den Konten gebucht.
Bevor in der Praxis auf Konten gebucht wird, werden die Geschäftsvorfälle zumeist erst in zeitlicher Reihenfolge in einem **Grundbuch**[15] festgehalten.
Für die Eintragung im Grundbuch hat sich eine bestimmte Darstellungsform des Geschäftsvorfalls entwickelt, der **Buchungssatz**.

Der Buchungssatz stellt den Geschäftsvorfall in folgender Reihenfolge dar:
1. Sollbuchung,
2. Habenbuchung,
3. Buchungstext.

Buchungen im Soll nennt man dabei „**Lastschrift**", Buchungen im Haben „**Gutschrift**".
Mit dem Buchungssatz werden die Konten, auf denen gebucht wird, „angerufen" und durch das Wort „an" verbunden.

Beispiel:
Bareinkauf von Waren für 1.000 DM

Buchungssatz:
    Vorräte 1.000 DM
    an Kasse 1.000 DM
    Bareinkauf von Material

---

15 Das Grundbuch (Journal, Primadonna) muß nicht unbedingt ein geschlossenes „Buch" sein. So können z. B. Bankauszüge als Grundbücher verwendet werden. Generell kann die Funktion der Grundbuchaufzeichnung auch durch eine geordnete und übersichtliche Belegablage erfüllt werden.

oder:
   Vorräte an Kasse 1.000 DM
   Bareinkauf von Material

Bei der Buchung auf den Konten wird jeweils das **Gegenkonto** angerufen (vermerkt):
   Auf dem Konto **Vorräte** wird das Konto **Kasse** angerufen.
   Auf dem Konto **Kasse** wird das Konto **Vorräte** angerufen.

Auf diese Weise läßt sich bei einem Blick auf ein Konto feststellen, welche Geschäftsvorfälle zu den Bestandveränderungen geführt haben.
In dem Beispiel macht auf dem Konto Vorräte die Angabe des Gegenkontos Kasse deutlich, daß der Warenzugang bar bezahlt wurde. Auf dem Konto Kasse weist die Angabe des Gegenkontos Vorräte darauf hin, daß ein Einkauf von Waren bar bezahlt wurde.
Werden in der Praxis systematisch geordnete Belege als Grundbuch benutzt, so wird auf dem Beleg der Buchungssatz vermerkt, und zwar mit Hilfe eines „Buchungsstempels", der den äußeren „Rahmen" für den Buchungssatz liefert.
So wie man Geschäftsvorfälle in einem Buchungssatz zum Ausdruck bringt, kann man aus einem Buchungssatz den zugrundeliegenden Geschäftsvorfall erkennen. Hierzu einige Beispiele:

Buchungssatz	Geschäftsvorfall
1. Verbindlichkeiten aus Lieferungen und Leistungen **an** Bank	Bezahlen einer Lieferantenrechnung durch Banküberweisung
2. Bank **an** Kasse	Bareinzahlungen auf ein Bankkonto
3. Vorräte **an** Verbindlichkeiten aus Lieferungen und Leistungen	Wareneinkauf auf Ziel
4. Bank **an** Forderungen aus Lieferungen und Leistungen	Ein Kunde bezahlt erhaltene Leistungen durch Banküberweisung
5. Bank **an** Verbindlichkeiten gegenüber Kreditinstituten	Die Bank stellt ein Darlehen zur Verfügung
6. Verbindlichkeiten gegenüber Kreditinstituten **an** Bank	Tilgungsleistungen für ein Bankdarlehen

Die bisherigen Beispiele betreffen jeweils einfache Buchungssätze, d. h. es wird auf einem Konto im Soll und auf einem Konto im Haben gebucht.

Werden mit Geschäftsvorfällen mehr als zwei Konten angesprochen, so entstehen **zusammengesetzte Buchungssätze.**

Beispiel:
Ein Kunde begleicht eine Rechnung in Höhe von 5.000 DM durch Banküberweisung (4.000 DM) und durch Barzahlung (1.000 DM).

Buchungssatz:
Bank 4.000 DM
Kasse 1.000 DM an Forderungen 5.000 DM

Auch für zusammengesetzte Buchungssätze gilt: Lastschrift(en) gleich Gutschrift(en).

Durch die doppelte Buchung eines jeden Geschäftsvorfalles im Soll und im Haben bleibt das Bilanzgleichgewicht stets erhalten. Die Konten lassen sich am Ende eines Abrechnungszeitraums wieder zu einer Bilanz, der Schlußbilanz, zusammenfassen.

Die Übernahme der Schlußbestände der Konten in die Schlußbilanz kann dabei direkt oder im System der doppelten Buchführung mit Hilfe eines Schlußbilanzkontos (SBK) erfolgen.

Die Buchungssätze für den Abschluß der Konten über das **Schlußbilanzkonto** lauten:

Schlußbilanzkonto   **an** Aktivkonten
Passivkonten   **an** Schlußbilanzkonto

In gleicher Weise werden die einzelnen Bilanzposten buchhalterisch über ein **Eröffnungsbilanzkonto** den einzelnen Konten zugeordnet. Die Buchungssätze lauten:

Aktivkonten   **an** Eröffnungsbilanzkonto
Eröffnungsbilanzkonto   **an** Passivkonten

Das Eröffnungsbilanzkonto ist das Gegenkonto zur Eröffnung der Bestandskonten. Es ist das Spiegelbild der Anfangsbilanz.

1.3.3.3 Buchung auf Erfolgskonten

Bereits bei den Wertveränderungen in der Bilanz (vgl. Abschnitt 1.3.2) wird zwischen Vermögensumschichtungen und Vermögensänderungen unterschieden.

Bei Vermögensumschichtungen verändern sich das Vermögen und die Verbindlichkeiten, das Eigenkapital bleibt unverändert.

Eine Veränderung des Vermögens bei unveränderten Verbindlichkeiten hat immer eine Veränderung des Eigenkapitals zur Folge, und zwar entweder eine Vermehrung des Eigenkapitals durch Erträge oder eine Verminderung des Eigenkapitals durch Aufwendungen.

21

Entsprechend den oben abgeleiteten Buchungsregeln werden Vermögensänderungen auf dem Eigenkapitalkonto wie folgt erfaßt:

S	Eigenkapital	H
./. Aufwendungen	Anfangsbestand + Erträge	

Aufgrund der Vielzahl der unterschiedlichen Aufwendungen und Erträge ist es nicht möglich, diese auf dem Eigenkapitalkonto direkt zu buchen. Daher werden die Aufwendungen und Erträge auf Unterkonten des Eigenkapitalkontos, den **Erfolgskonten**, gebucht.
Für jede Aufwandsart und jede Ertragsart gibt es ein eigenes Konto.
Den Zusammenhang zwischen Eigenkapitalkonto und Erfolgskonten zeigt die Abbildung 4:

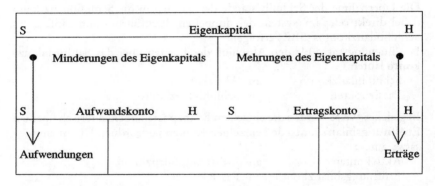

Abb. 4: Erfolgskonten (Aufwands- und Ertragskonten) als Unterkonten des Eigenkapitalkontos

Auf den Aufwandskonten werden die Aufwendungen auf der Sollseite gebucht, da die Minderungen des Eigenkapitals auf dem Eigenkapitalkonto auf der Sollseite erfaßt werden. Entsprechendes gilt für die Ertragsbuchungen auf der Habenseite der Ertragskonten.
Am Ende des Geschäftsjahres werden alle Aufwands- und Ertragskonten über das **Gewinn- und Verlustkonto (GuV-Konto)** abgeschlossen. Das GuV-Konto zeigt auf der Sollseite alle Aufwendungen und auf der Habenseite alle Erträge.
Das GuV-Konto ist das unmittelbare Unterkonto des Eigenkapitalkontos.
Den Zusammenhang zwischen Erfolgskonten, Gewinn- und Verlustkonto und Eigenkapitalkonto zeigt das nachfolgende Beispiel.

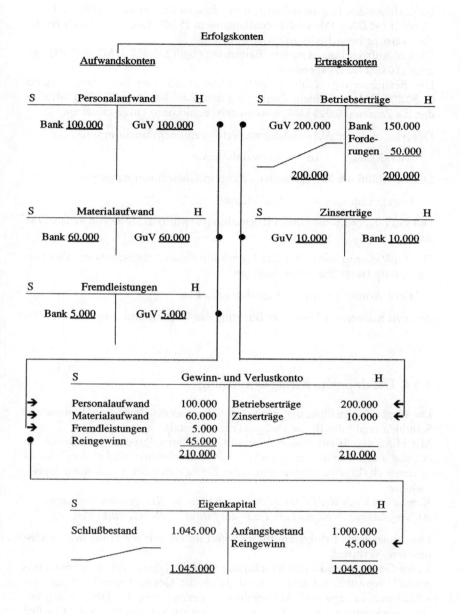

Im vorliegenden Fall entstehen Aufwendungen für Personal (100.000 DM), Material (60.000 DM) und Fremdleistungen (5.000 DM), die durch Banküberweisung beglichen werden.
Diesen Aufwendungen stehen Betriebserträge (200.000 DM) und Zinserträge (10.000 DM) gegenüber.
Die Betriebserträge schlagen sich in einem höheren Forderungsbestand (+ 50.000 DM) und einem Zugang auf dem Bankkonto (+ 70.000 DM) nieder, die Zinsen (10.000 DM) werden dem Bankkonto gutgeschrieben.

Der Abschluß der Aufwandskonten erfolgt mit dem Buchungssatz:

GuV-Konto **an** Aufwandskonto

Der Abschluß der Ertragskonten erfolgt mit dem Buchungssatz:

Ertragskonto **an** GuV-Konto

Das GuV-Konto weist einen Habensaldo (Gewinn) in Höhe von 45.000 DM aus.

Das GuV-Konto wird über das Eigenkapitalkonto abgeschlossen. Der Buchungssatz lautet (bei einem Reingewinn):

GuV-Konto **an** Eigenkapitalkonto

Auf den Konten wird bei jeder Buchung das Gegenkonto „angerufen".

1.3.4 Die doppelte Erfolgsermittlung

Die Gegenüberstellung der Summe der Vermögensteile und der Summe der Schulden ergibt das Reinvermögen (Eigenkapital).
Mit Hilfe der **Bilanz** läßt sich diese Gegenüberstellung beispielsweise am Anfang und am Ende eines Geschäftsjahres durchführen und so durch Kapitalvergleich (Eigenkapitalvergleich) der Erfolg ermitteln. Es gilt dann die Beziehung:

Kapital am Ende des Jahres ./. Anfangskapital = Reingewinn (Gewinn)
Anfangskapital ./. Kapital am Ende des Jahres = Reinverlust (Verlust)

Diese bilanzielle Erfolgsermittlung liefert immer nur die Höhe des Gewinnes bzw. Verlustes.
In der **Gewinn- und Verlustrechnung** wird der Jahreserfolg nicht nur summarisch ermittelt, sondern es wird durch die Gegenüberstellung der verschiedenen Erträge und Aufwendungen gezeigt, wie der Jahreserfolg zustande gekommen ist. Die Gewinn- und Verlustrechnung zeigt die Quellen des Erfolgs.

Es läßt sich also feststellen:

Im Jahresabschluß, bestehend aus Bilanz und Gewinn- und Verlustrechnung, wird der Erfolg auf doppelte Weise ermittelt: in der Bilanz summarisch durch Kapitalvergleich und in der Gewinn-und Verlustrechnung differenziert durch die Gegenüberstellung von Erträgen und Aufwendungen.

Da die Erfolgskonten über das Bindeglied Gewinn- und Verlustkonto Unterkonten des Eigenkapitalkontos sind, ist die Erfolgsrechnung Teil eines geschlossenen Systems der Rechnungslegung, von dem alle erfolgswirksamen Geschäftsvorfälle buchtechnisch berührt werden.

1.3.5 Die Buchführungsbücher

Die Grundsätze ordnungsmäßiger Buchführung[16] verlangen für die Buchungen eine zeitliche und eine sachliche Ordnung. Es ist Aufgabe der verschiedenen Buchführungsbücher, diese Ordnung sicherzustellen. Im **Grundbuch** (Journal, Primanota) werden alle Geschäftsvorfälle in zeitlicher Reihenfolge (chronologisch) erfaßt. Diese zeitliche Ordnung ist ein wesentliches Instrument, um die Vollständigkeit der Erfassung aller Geschäftsvorfälle sicherzustellen. Die geforderte sachliche Ordnung der Buchführung wird durch das Buchen der Geschäftsvorfälle auf den Sachkonten im **Hauptbuch** erreicht. Das Hauptbuch als Kernstück der Buchhaltung enthält also die sachliche bzw. systematische Ordnung aller Buchungen auf den Sachkonten. Erst mit dem Hauptbuch ist es möglich, jederzeit einen Abschluß zu machen und sich einen Überblick über Vermögen, Verbindlichkeiten und Kapital eines Betriebs zu verschaffen.

Die zeitliche Ordnung der Buchungen im Grundbuch und die sachliche Ordnung der Buchungen im Hauptbuch bedürfen ergänzender Erläuterungen in Form von Nebenaufzeichnungen. Mit diesen Aufzeichnungen, den **Nebenbüchern**, werden bestimmte Hauptbuchkonten erläutert.

Zu den Nebenbüchern bzw. Nebenbuchhaltungen gehören insbesondere:

(1) Kontokorrentbuch (Geschäftsfreundebuch)/Kontokorrentbuchhaltung,
(2) Lagerbuch/Lagerbuchhaltung,
(3) Anlagenbuch/Anlagenbuchhaltung,
(4) Kassenbuch,
(5) Personalabrechnung/Personalbuchhaltung.

---

16 Zu den Grundsätzen ordnungsmäßiger Buchführung und Bilanzierung vgl. auch Abschnitt 1.6

Zu (1): *Kontokorrentbuchhaltung*
In der Kontokorrentbuchhaltung werden die Geschäftsbeziehungen zu den einzelnen Lieferanten oder Kunden transparent gemacht.
Die Konten der Kontokorrentbuchhaltung sind **Personenkonten**, und zwar
● Kundenkonten (Debitoren) oder
● Lieferantenkonten (Kreditoren).

Die Kontokorrentbuchhaltung liefert nicht nur wie die Sachkonten „Forderungen und Verbindlichkeiten" Informationen über den Stand von Forderungen bzw. Verbindlichkeiten insgesamt, sondern zeigt deren Struktur im Hinblick auf die Vielzahl einzelner Kunden bzw. Lieferanten.
Da im Hauptbuch dieselben Informationen verarbeitet werden wie in der Kontokorrentbuchhaltung (lediglich nach einem anderen Sortierkriterium), müssen die Salden der entsprechenden Konten übereinstimmen. Es gelten folgende Beziehungen:
Summe der Salden der Kundenkonten (Debitoren) = Summe des Saldos des Sachkontos Forderungen im Hauptbuch
Summe der Salden der Lieferantenkonten (Kreditoren) = Saldo des Sachkontos Verbindlichkeiten aus Lieferungen und Leistungen im Hauptbuch

Aufgrund dieses sachlichen Zusammenhangs müssen vor dem Abschluß der Sachkonten im Hauptbuch diese mit den Personenkonten abgestimmt werden.

Zu (2): *Lagerbuchhaltung*
In der Lagerbuchhaltung erfolgt die mengenmäßige Kontrolle der Waren bzw. Materialbestände, und zwar differenziert **nach Artikeln**.
Die Lagerbuchhaltung liefert folgende Basisinformationen:

Anfangsbestand + Zugänge ./. Abgänge = Buchbestand

Die Buchbestände müssen im Rahmen der Inventur mit den tatsächlichen Beständen verglichen werden.
Moderne Lagerbuchhaltungen liefern in Form einer Materialrechnung nicht nur Informationen über den mengenmäßigen Bestand, sondern auch über dessen Wert[17] und geben Informationen für das Bestellwesen (Mindestbestand, Meldebestand, optimale Bestellmenge).

Zu (3): *Anlagenbuchhaltung*
In der Anlagenbuchhaltung werden die Anschaffungskosten der verschiedenen Gegenstände des Anlagevermögens erfaßt und fortgeschrieben.

---

17 Die Bewertung erfolgt in der Regel mit gleitenden Durchschnittspreisen.

Es gilt die Beziehung:

	Anschaffungskosten
./.	Abschreibungen
=	Restbuchwert

Der Anlagenrechnung kommt in Krankenhäusern deswegen besondere Bedeutung zu, weil sie die Grundlage für den Nachweis der ordnungsgemäßen Verwendung von Fördermitteln ist.

Zu (4): *Kassenbuch*
Im Kassenbuch werden die baren Geldbewegungen täglich dokumentiert.

Zu (5): *Personalabrechnung*
Löhne, Gehälter und sonstige Personalaufwendungen werden in der Personalabrechnung mitarbeiterbezogen ermittelt und gebucht.
In Krankenhäusern kommt der Zuordnung der Personalaufwendungen zu den verschiedenen „Dienstarten" besondere Bedeutung zu.[18]
Wie in der Kontokorrentbuchhaltung müssen in der Personalabrechnung die Salden der Personenkonten mit den Salden der Sachkonten im Hauptbuch übereinstimmen.

1.4 Rechtsgrundlagen

Aufgaben und Ziele von Krankenhäusern unterscheiden sich wesentlich von denen anderer Betriebe. Krankenhäuser sind im Bereich elementarer Daseinsvorsorge tätig, der grundsätzlich durch eine preisunelastische Nachfrage gekennzeichnet ist.
Den „Sicherstellungsauftrag" für die stationäre Krankenversorgung haben die Gebietskörperschaften, soweit nicht von freigemeinnützigen oder privaten Krankenhäusern Krankenhausleistungen im erforderlichen Umfang angeboten werden.
Die duale Krankenhausfinanzierung unter Einbeziehung der Krankenkassen und der Länder ist die Folge der spezifischen Aufgabenstellung von Krankenhäusern und macht Gesetze und Verordnungen erforderlich, mit denen Regelungen im Hinblick auf die wirtschaftliche Sicherung der Krankenhäuser, das Angebot und die Vergütung von Krankenhausleistungen getroffen werden.

---

18 Vgl. Abschnitt 3.2.9

Regelungen über das Angebot und die Vergütung von Krankenhausleistungen bedürfen spezifischer Festlegungen im Rechnungswesen der Krankenhäuser, damit die Informationen mit einheitlichem Inhalt und einheitlicher Struktur zur Verfügung stehen, die unverzichtbar sind, um die bestehenden Finanzierungsvorschriften umzusetzen. Das Krankenhausrechnungswesen hat insofern eine Sicherstellungsfunktion für die Umsetzung der Vorschriften, die der wirtschaftlichen Sicherung der Krankenhäuser dienen.

Quellen für die für Krankenhäuser und deren Rechnungswesen grundlegenden Vorschriften sind:
(1) Krankenhausfinanzierungsgesetz (KHG),
(2) Bundespflegesatzverordnung (BPflV),
(3) Krankenhausbuchführungsverordnung (KHBV),
(4) Abgrenzungsverordnung (AbgrV).

Zu (1): *Krankenhausfinanzierungsgesetz (KHG)*
Das Gesetz zur wirtschaftlichen Sicherung der Krankenhäuser und zur Regelung der Krankenhauspflegesätze (Krankenhausfinanzierungsgesetz – KHG) gibt den Rechtsrahmen für das Krankenhauswesen.

"Zweck dieses Gesetzes ist die wirtschaftliche Sicherung der Krankenhäuser, um eine bedarfsgerechte Versorgung der Bevölkerung mit leistungsfähigen, eigenverantwortlich wirtschaftenden Krankenhäusern zu gewährleisten und zu sozial tragbaren Pflegesätzen beizutragen."[19]

„Die Krankenhäuser werden wirtschaftlich dadurch gesichert, daß
1. ihre Investitionskosten im Wege öffentlicher Förderung übernommen werden und sie
2. leistungsgerechte Erlöse aus den Pflegesätzen, die nach Maßgabe dieses Gesetzes auch Investitionskosten enthalten können, sowie Vergütungen für vor- und nachstationäre Behandlung und für ambulantes Operieren erhalten."[20]

Der eben zitierte § 4 KHG beschreibt das System der dualen Finanzierung von Krankenhäusern. Entscheidendes Element ist dabei die Übernahme der Investitionskosten „im Wege öffentlicher Förderung", die allerdings nicht alle Krankenhäuser umfaßt.[21]
Die für die laufende Arbeit in Krankenhäusern wichtigsten Vorschriften des KHG betreffen die Finanzierung der Investitionen.

---

19 § 1 KHG
20 § 4 KHG
21 Vgl. § 5 KHG (nicht förderungsfähige Einrichtungen)

Laut § 9 KHG fördern die Länder **auf Antrag** des Krankenhausträgers Investitionskosten, die insbesondere entstehen:

- für die Errichtung von Krankenhäusern einschließlich der Erstausstattung mit den für den Krankenhausbetrieb notwendigen Anlagegütern,
- für die Wiederbeschaffung von Anlagegütern mit einer durchschnittlichen Nutzungsdauer von mehr als drei Jahren.

Die Anschaffungskosten des Grundstücks gehören nicht zu den förderungsfähigen Investitionen. Das Grundstück stellt in der Regel der Krankenhausträger zur Verfügung. Damit wird aus der dualen eine triale Finanzierung. Anstelle der direkten Investitionsfinanzierung kann auch die Nutzung von Anlagegütern (Miete, Leasing) gefördert werden.

Die Länder bewilligen auf Antrag des Krankenhausträgers auch Fördermittel für Anlaufkosten, für Umstellungskosten bei innerbetrieblichen Änderungen sowie für Erwerb, Erschließung, Miete und Pacht von Grundstücken, soweit ohne die Förderung die Aufnahme oder Fortführung des Krankenhausbetriebs gefährdet wäre.

Es können darüber hinaus Fördermittel beantragt werden, um die Schließung von Krankenhäusern zu erleichtern und um die Umstellung von Krankenhäusern oder Krankenhausabteilungen auf andere Aufgaben (z. B. Pflegeeinrichtungen) zu finanzieren.

Die Wiederbeschaffung kurzfristiger Anlagegüter sowie kleine bauliche Maßnahmen werden durch feste **jährliche Pauschalbeträge** gefördert, mit denen das Krankenhaus im Rahmen der Zweckbindung der Fördermittel frei wirtschaften kann.

In § 16 KHG wird die Bundesregierung ermächtigt, mit Zustimmung des Bundesrates durch Rechtsverordnung Vorschriften zu erlassen über die Pflegesätze der Krankenhäuser und die damit im Zusammenhang stehenden Fragen der Leistungs- und Kostenabgrenzung. Hiervon hat sie mit der Bundespflegesatzverordnung (BPflV) Gebrauch gemacht.

Zu (2): *Bundespflegesatzverordnung (BPflV)*

Die Bundespflegesatzverordnung regelt die Vergütung von stationären (vollstationären und teilstationären) Krankenhausleistungen.

Die vor- und nachstationäre Behandlung wird einheitlich, d. h. nicht krankenhausindividuell, nach § 115 a SGB V und die ambulante Durchführung von Operationen im Krankenhaus nach § 115 b SGB V vergütet.

Stationäre Krankenhausleistungen sind insbesondere ärztliche Behandlung, Krankenpflege, Versorgung mit Arznei-, Heil- und Hilfsmitteln, die für die Versorgung im Krankenhaus notwendig sind, sowie Unterkunft und Verpflegung; sie umfassen allgemeine Krankenhausleistungen und Wahlleistungen.

29

Allgemeine Krankenhausleistungen sind die Krankenhausleistungen, die unter Berücksichtigung der Leistungsfähigkeit des Krankenhauses im Einzelfall nach Art und Schwere der Krankheit für die medizinisch zweckmäßige und ausreichende Versorgung des Patienten notwendig sind. Dazu gehören unter anderem auch die vom Krankenhaus veranlaßten Leistungen Dritter.

Als **Wahlleistungen** werden vor allem die gesondert berechenbare Unterkunft (Ein- oder Zweibettzimmer) sowie wahlärztliche Leistungen (Behandlung durch liquidationsberechtigte (Chef-)Ärzte angeboten.

Die allgemeinen Krankenhausleistungen[22] werden vergütet durch

- Pflegesätze nach § 11 (Fallpauschalen und Sonderentgelte),
- einen Gesamtbetrag nach § 12 (Budget) sowie tagesgleiche Pflegesätze nach § 13, durch die das Budget den Patienten und ihren Kostenträgern anteilig berechnet wird.

Mit **Fallpauschalen** werden die allgemeinen Krankenhausleistungen für ganz bestimmte in einer Anlage zur Bundespflegesatzverordnung genannte Behandlungsfälle mit einem „externen", d. h. nicht krankenhausindividuellen Entgelt vergütet.

Bei **Sonderentgelten** beschränkt sich diese Vergütung auf einen Teil der allgemeinen Krankenhausleistungen, überwiegend auf die operativen Leistungen.

Das Budget wird den Patienten oder ihren Kostenträgern anteilig über **Abteilungspflegesätze** (Vergütung der medizinischen Leistungen) und einen **Basispflegesatz** (Vergütung der „Basisleistungen", wie z. B. Verpflegung, Unterkunft, Versorgung, Verwaltung) berechnet.

Das Budget und die Pflegesätze sind für einen zukünftigen Zeitraum (Pflegesatzzeitraum) zu vereinbaren.

Das Budget und die Pflegesätze nach § 10 müssen **medizinisch leistungsgerecht** sein und einem Krankenhaus bei wirtschaftlicher Betriebsführung ermöglichen, seinen Versorgungsauftrag zu erfüllen, der beschrieben wird durch die Bettenkapazität (Planbetten), die ihm entsprechend der Krankenhausplanung des Landes differenziert nach Fachabteilungen zur Verfügung gestellt wird.

Bei der Bemessung von Budget und Pflegesätzen sind darüber hinaus Ergebnisse des **Krankenhausvergleichs** (zwischenbetrieblicher Vergleich) und der Grundsatz der **Beitragssatzstabilität** zu beachten.

Maßstab für die Beachtung des Grundsatzes der Beitragssatzstabilität ist die geschätzte Veränderungsrate der beitragspflichtigen Einnahmen aller Krankenkassen je Mitglied (§ 270 a SGB V).

---

22 Vgl. § 2 BPflV

Bei der Vereinbarung des Budgets für das einzelne Krankenhaus kann diese Veränderungsrate überschritten werden, wenn ansonsten die Vereinbarung eines medizinisch leistungsgerechten Budgets für die zur Erfüllung des Versorgungsauftrages ausreichenden und zweckmäßigen Leistungen nicht möglich wäre.

Grundlage für die Pflegesatzverhandlung, an deren Ende die Pflegesatzvereinbarung steht, ist die **Leistungs- und Kalkulationsaufstellung (LKA)**, deren Muster als Anlage zur Bundespflegesatzverordnung ebenfalls Verordnungscharakter hat.

Das Erstellen der Leistungs- und Kalkulationsaufstellung, mit der das Krankenhaus Budget und Pflegesätze beantragt, stellt an das Rechnungswesen differenzierte Anforderungen. Das gilt insbesondere für die Erfassung und Planung von Aufwendungen.

§ 7 (pflegesatzfähige Kosten bei geförderten Krankenhäusern) regelt im einzelnen, welche Kosten „pflegesatzfähig" sind und insofern über Budget und Pflegesätze vergütet werden bzw. vergütet werden dürfen.

Die Tatsache, daß Budget und Pflegesätze für einen zukünftigen Zeitraum vereinbart werden, hat zur Folge, daß in der Bundespflegesatzverordnung auch Regelungen darüber enthalten sind, wie bei Abweichungen zwischen geplanten und tatsächlichen Leistungen im Hinblick auf die Leistungsvergütung zu verfahren ist, denn das Krankenhausbudget ist grundsätzlich ein flexibles Budget.

Die Bundespflegesatzverordnung hat durch ihre Vorgaben im Hinblick auf Leistungs- und Kostenabgrenzungen sowie das Erstellen der Leistungs- und Kalkulationsaufstellung prägenden Einfluß auf das Rechnungswesen der Krankenhäuser, das gilt sowohl für die Buchführung als auch für die Kosten- und Leistungsrechnung, der im Zusammenhang mit der Leistungs- und Kostenplanung besondere Bedeutung zukommt.

Zu (3): *Krankenhausbuchführungsverordnung (KHBV)*
Rechtsgrundlage für den Erlaß der Verordnung über die Rechnungs- und Buchführungspflichten von Krankenhäusern (Krankenhaus-Buchführungsverordnung – KHBV) ist § 16 Nr. 7 KHG, wonach die Bundesregierung ermächtigt wird, durch Rechtsverordnung mit Zustimmung des Bundesrates Vorschriften zu erlassen über die Rechnungs- und Buchführungspflichten der Krankenhäuser.

Die Notwendigkeit derartiger Vorschriften ergibt sich bereits aus den obigen Erläuterungen zum KHG und zur Bundespflegesatzverordnung.

Die Krankenhausbuchführungsverordnung ist gegenüber den allgemeingültigen Rechtsgrundlagen, insbesondere gegenüber dem HGB, die speziellere Rechtsvorschrift.

Die Krankenhausbuchführungsverordnung verpflichtet die Krankenhäuser, ihre Bücher nach den Regeln der kaufmännischen doppelten Buchführung zu führen (§ 3 KHBV). Als Geschäftsjahr wird das Kalenderjahr vorgeschrieben (§ 2 KHBV).

Im Zusammenhang mit der Buchführungspflicht, dem Führen der Handelsbücher und dem Erstellen des Inventars wird in der KHBV auf die Bestimmungen des Handelsgesetzbuches (§§ 238 bis 241) verwiesen. Das bedeutet unter anderem:

- Die Buchführung muß so beschaffen sein, daß sie einem sachverständigen Dritten innerhalb angemessener Zeit einen Überblick über die Geschäftsvorfälle und über die Lage des Unternehmens vermitteln kann.
- Die Geschäftsvorfälle müssen sich in ihrer Entstehung und Abwicklung verfolgen lassen.
- Für die Buchführung gelten die Grundsätze ordnungsmäßiger Buchführung.[23]
- Das Krankenhaus hat zu Beginn seiner Tätigkeit und am Schluß eines jeden Geschäftsjahres ein Inventar aufzustellen.

Laut § 4 (Jahresabschluß) besteht der **Jahresabschluß** des Krankenhauses aus:

- der Bilanz,
- der Gewinn- und Verlustrechnung,
- dem Anhang einschließlich des Anlagennachweises.

Die Teile des Jahresabschlusses sind nach den Vorschriften der KHBV (Anlagen 1 bis 3) zu gliedern. Im übrigen wird in § 4 Abs. 3 hinsichtlich der Aufstellung und des Inhaltes des Jahresabschlusses auf Vorschriften des HGB verwiesen. Inhaltlich ist damit unter anderem folgendes für die Bilanz geregelt:

- Der Jahresabschluß ist nach den Grundsätzen ordnungsmäßiger Buchführung aufzustellen. Er muß klar, übersichtlich und vollständig sein.
- Posten der Aktivseite der Bilanz dürfen nicht mit Posten der Passivseite, Aufwendungen nicht mit Erträgen und Grundstücksrechte nicht mit Grundstückslasten verrechnet werden (Bruttoprinzip).
- Aufwendungen für die Gründung des Krankenhauses und für die Beschaffung des Eigenkapitals dürfen in die Bilanz nicht als Aktivposten aufgenommen werden.
- Für immaterielle Vermögensgegenstände des Anlagevermögens, die nicht entgeltlich erworben wurden, darf ein Aktivposten nicht angesetzt werden.

---

23 Zu den Grundsätzen ordnungsmäßiger Buchführung vgl. Abschnitt 1.6

Für Krankenhäuser gelten ferner die Regelungen über Rückstellungen (§ 249 HGB) und Rechnungsabgrenzungsposten (§ 250 HGB) sowie die allgemeinen Bewertungsgrundsätze (§ 252 HGB) und die Bestimmungen über die Wertansätze der Vermögensgegenstände und Schulden (§ 253 HGB).

In Ergänzung zu den Gliederungsvorschriften des Jahresabschlusses laut KHBV wird, wie oben erwähnt, in § 4 Abs. 3 KHBV auf verschiedene allgemeine Vorschriften des HGB zur Gliederung des Jahresabschlusses Bezug genommen, die damit auch für die Gewinn- und Verlustrechnung für Krankenhäuser Gültigkeit haben:

- In der Bilanz sowie in der Gewinn- und Verlustrechnung ist zu jedem Posten der entsprechende Betrag des vorhergehenden Geschäftsjahres anzugeben.
- Eine weitere Untergliederung der Posten des Jahresabschlusses ist zulässig, dabei ist jedoch die vorgeschriebene Gliederung zu beachten.
- Ein Posten der Bilanz oder Gewinn- und Verlustrechnung, der keinen Betrag aufweist, braucht nicht aufgeführt zu werden, es sei denn, daß im vorhergehenden Geschäftsjahr unter diesem Posten ein Betrag ausgewiesen wurde.
- Veränderungen der Kapital- und Gewinnrücklagen dürfen in der Gewinn- und Verlustrechnung erst nach dem Posten „Jahresüberschuß/Jahresfehlbetrag" ausgewiesen werden.

Die Einzelvorschriften zum Jahresabschluß (§ 5 KHBV) beziehen sich auf die Bilanzierung der Fördermittel und des Eigenkapitals.[24]
Die Pflicht zum Führen einer **Kosten- und Leistungsrechnung** ergibt sich aus § 8 KHBV. Danach hat die Kosten- und Leistungsrechnung des Krankenhauses eine betriebsinterne Steuerung sowie eine Beurteilung der Wirtschaftlichkeit und Leistungsfähigkeit zu ermöglichen. Sie muß darüber hinaus die Ermittlung der Selbstkosten sowie das Erstellen der Leistungs- und Kalkulationsaufstellung (LKA) nach den Vorschriften der Bundespflegesatzverordnung ermöglichen.

Um diesen Aufgaben gerecht zu werden, muß die Kosten- und Leistungsrechnung folgende **Mindestanforderungen** erfüllen:
- Das Krankenhaus hat die aufgrund seiner Aufgaben und Struktur erforderlichen Kostenstellen zu bilden. Es sollen, sofern hierfür Kosten und Leistungen anfallen, mindestens die Kostenstellen gebildet werden, die sich aus dem Kostenstellenrahmen der Anlage 5 zur KHBV ergeben. Bei

---

24 Vgl. hierzu Abschnitt 2.3.1 und Abschnitt 2.3.2

abweichender Gliederung dieser Kostenstellen soll durch ein ordnungsmäßiges Überleitungsverfahren die Umschlüsselung auf den Kostenstellenrahmen sichergestellt werden.

- Die Kosten sind aus der Buchführung nachprüfbar herzuleiten.
- Die Kosten und Leistungen sind verursachungsgerecht nach Kostenstellen zu erfassen („Kontieren von Kostenstelleneinzelkosten"). Sie sind darüber hinaus den anfordernden Kostenstellen zuzuordnen („innerbetriebliche Leistungsverrechnung"), soweit dies für die zu erreichenden Zwecke
erforderlich ist.

Zu (4): *Abgrenzungsverordnung (AbgrV)*
Die Verordnung über die Abgrenzung der im Pflegesatz nicht zu berücksichtigenden Investitionskosten von den pflegesatzfähigen Kosten der Krankenhäuser (Abgrenzungsverordnung – AbgrV) ist Ausfluß der im KHG ver-
ankerten dualen Krankenhausfinanzierung.
Die Abgrenzungsverordnung kategorisiert und definiert die Wirtschaftsgüter im Krankenhaus und trifft Aussagen darüber, inwieweit deren Kosten
pflegesatzfähig sind oder nicht. Die Abgrenzungsverordnung ist damit eine
Bilanzierungs- und Finanzierungsverordnung.
Auf die Bestimmungen der Abgrenzungsverordnung wird nachfolgend im
Zusammenhang mit den Posten der Bilanz und der Gewinn- und Verlustrechnung eingegangen.

1.5 Bewertungsvorschriften

Hinsichtlich der Bewertung der im Jahresabschluß ausgewiesenen Vermögensgegenstände und Schulden verweist die Krankenhausbuchführungsverordnung auf die Bestimmungen des HGB. Dort sind als allgemeine Bewertungsgrundsätze (§ 252 HGB) formuliert:

- Die Wertansätze in der Eröffnungsbilanz des Geschäftsjahres müssen mit
denen der Schlußbilanz des vorhergehenden Geschäftsjahres übereinstimmen (Grundsatz der Bilanzidentität).
- Die auf den vorhergehenden Jahresabschluß angewandten Bewertungsmethoden sollen beibehalten werden (Grundsatz der materiellen Bilanzkontinuität).
- Die Vermögensgegenstände und Schulden sind zum Abschlußstichtag einzeln zu bewerten (Grundsatz der Einzelbewertung).
- Die Bewertung hat vorsichtig zu erfolgen (Vorsichtsprinzip). Alle vorher-
sehbaren Risiken und Verluste, die bis zum Abschlußstichtag entstanden

sind, sind zu berücksichtigen, selbst wenn diese erst zwischen dem Abschlußstichtag und dem Tag der Aufstellung des Jahresabschlusses bekanntgeworden sind.

● Aufwendungen und Erträge des Geschäftsjahres sind unabhängig von den Zeitpunkten der entsprechenden Zahlungen im Jahresabschluß zu berücksichtigen (Grundsatz der Periodenabgrenzung).

Von diesen Grundsätzen darf nur in begründeten Ausnahmefällen abgewichen werden.

Das Grundprinzip der vorsichtigen Bewertung kommt durch verschiedene „Teilprinzipien" zum Ausdruck:

Dem **Realisationsprinzip** zufolge dürfen Gewinne nur im Jahresabschluß ausgewiesen werden, wenn sie am Abschlußstichtag bereits realisiert sind.

Das **Niederstwertprinzip** besagt, daß von zwei oder mehr möglichen Wertansätzen (Anschaffungskosten, Wiederbeschaffungspreis, Tageswert) der niedrigere Wert anzusetzen ist.

Während bei den Vermögensgegenständen das Niederstwertprinzip gilt, ist für die Verbindlichkeiten das **Höchstwertprinzip** anzuwenden. Liegt der Tageswert einer Verbindlichkeit unter den Anschaffungskosten (z. B. bei Auslandsverbindlichkeiten infolge von Kursschwankungen), so sind die höheren Anschaffungskosten anzusetzen, da die niedrigere Bewertung mit dem Tageswert zu einem unrealisierten Gewinn führen würde.

Diese drei Prinzipien werden im Imparitätsprinzip zusammengefaßt. Das **Imparitätsprinzip** besagt, daß am Abschlußstichtag vorhersehbare Risiken und Verluste berücksichtigt werden müssen, selbst wenn sie erst zwischen dem Abschlußstichtag und dem Tag der Aufstellung des Jahresabschlusses bekanntgeworden sind, Gewinne jedoch nur ausgewiesen werden dürfen, wenn sie zum Bilanzstichtag durch Umsätze realisiert sind.

Für die Wertansätze der Vermögensgegenstände und Schulden wird in § 253 HGB folgende Grundsatzregelung getroffen:

Vermögensgegenstände sind höchstens mit den Anschaffungs- und Herstellungskosten vermindert um Abschreibungen[25] anzusetzen.

Anschaffungskosten sind die Aufwendungen, die geleistet werden, um einen Vermögensgegenstand zu erwerben und ihn in einen betriebsbereiten

---

25 Mit den Abschreibungen werden die Anschaffungskosten von Anlagegütern in der Erfolgsrechnung auf die Nutzungsdauer verteilt. Bilanziell gesehen bringen Abschreibungen die Wertminderung des jeweiligen Anlagegutes zum Ausdruck.
In § 253 HGB ist von „planmäßigen" Abschreibungen die Rede. Der Plan muß die Anschaffungs- oder Herstellungskosten auf die Geschäftsjahre verteilen, in denen der Vermögensgegenstand voraussichtlich genutzt werden kann.

Zustand zu versetzen, soweit sie dem Vermögensgegenstand einzeln zugeordnet werden können. Zu den Anschaffungskosten gehören auch die Nebenkosten sowie die nachträglichen Anschaffungskosten. Anschaffungspreisminderungen sind abzusetzen (§ 255 HGB).

Aus der Definition der Anschaffungskosten werden die Schritte deutlich, in denen diese zu ermitteln sind:

	Kaufpreis	
./.	Kaufpreisminderungen (z. B. Skonti und Rabatte)	
+	Anschaffungsnebenkosten (z. B. Transportkosten, Montagekosten)	
=	Anschaffungskosten lt. § 255 Abs. 1 HGB	

Herstellungskosten sind die Aufwendungen, die durch den Verbrauch von Gütern und die Inanspruchnahme von Diensten für die Herstellung eines Vermögensgegenstands, seine Erweiterung oder für eine über seinen ursprünglichen Zustand hinausgehende wesentliche Verbesserung entstehen (§ 255 Abs. 2, Satz 1 HGB).

Im Krankenhaus als Dienstleistungsbetrieb spielen Herstellungskosten eine untergeordnete Rolle.

1.6 Grundsätze ordnungsmäßiger Buchführung (GOB)

Nach § 238 Abs. 1 HGB ist jeder Kaufmann verpflichtet, Bücher zu führen und in diesen seine Handelsgeschäfte und die Lage seines Vermögens nach den Grundsätzen ordnungsmäßiger Buchführung ersichtlich zu machen.

Eine Definition der „Grundsätze ordnungsmäßiger Buchführung" gibt das HGB nicht, es fehlt also die Legaldefinition, so daß es sich bei den Grundsätzen ordnungsmäßiger Buchführung um einen unbestimmten Rechtsbegriff handelt.

Es besteht in der Literatur[26] Einigkeit darüber, daß die Grundsätze ordnungsmäßiger Buchführung nicht induktiv, d. h. danach, wie „ordentliche

---

26 Zu den nachfolgenden Ausführungen vergleiche u.a. Baetge, J. : Grundsätze ordnungsmäßiger Buchführung und Bilanzierung, in: Handwörterbuch des Rechnungswesens, Herausgeber: Chmielewicz, K., Schweitzer, M. u.a., 3. Auflage, Stuttgart 1993, Sp. 860 bis 870

Kaufleute" verfahren, zu bestimmen sind, sondern deduktiv, wie sie verfahren sollten. Die Deduktion erfolgt ausgehend von den Zwecken des Rechnungswesens und den bestehenden gesetzlichen, insbesondere handelsrechtlichen, Bestimmungen.

Diese handelsrechtlichen Bestimmungen werden in den Abschnitten 1.4 und 1.5 auszugsweise genannt. Es handelt sich dabei teilweise um sehr konkrete (spezielle) Vorschriften, insbesondere im Hinblick auf die Bewertung von Vermögensgegenständen und Schulden, teilweise um allgemeine Vorschriften, die einer Konkretisierung bzw. Auslegung bedürfen, so z. B. die Forderung in § 238 Abs. 1 HGB, daß die Buchführung so beschaffen sein muß, daß sie einem sachverständigen Dritten innerhalb angemessener Zeit einen Überblick über die Geschäftsvorfälle und über die Lage des Unternehmens vermitteln kann.

Buchführung und Jahresabschluß haben Dokumentationsfunktion, dienen der Rechenschaftslegung und sollen helfen, die Kapitalerhaltung zu sichern. Die **Dokumentationsfunktion** erfordert ein vollständiges und nachvollziehbares Aufzeichnen aller Geschäftsvorfälle, wie es in § 239 HGB (Führung der Handelsbücher) angesprochen wird.

Auf Basis dieser Dokumentation erfolgt eine **Rechenschaftslegung** über die wirtschaftliche Lage und Entwicklung des Betriebes in Form des Jahresabschlusses.

Dieses Abbilden der wirtschaftlichen Lage und deren Entwicklung in Form des Jahresabschlusses soll so erfolgen, daß die Darstellung der **Kapital- und Substanzerhaltung** des Betriebes dient, und zwar insofern, als diese die Grundlage für entsprechende Entscheidungen ist.

Um das Ziel einer kapitalerhaltungsorientierten Rechenschaftslegung zu erreichen, müssen über die Dokumentationsgrundsätze hinaus weitere Arten von Grundsätzen eingehalten werden. Hierzu gehören:

Rahmengrundsätze
Diese stellen grundsätzliche Anforderungen an das Abbilden des wirtschaftlichen Geschehens in Buchführung und Jahresabschluß im Hinblick auf die o. g. Zwecke der Rechnungslegung dar:

● *Grundsatz der Richtigkeit*
Der Grundsatz der Richtigkeit wird ergänzt durch die **Objektivität** und Willkürfreiheit bei der Aufstellung des Jahresabschlusses, ohne die dieser nicht nachvollziehbar ist.
Wird dieser Grundsatz nicht erfüllt, so ist es einem sachverständigen Dritten nicht möglich, wie in § 238 Abs. 1 HGB gefordert, sich innerhalb angemessener Zeit einen Überblick über die Geschäftsvorfälle und über die Lage des Unternehmens zu verschaffen und die Geschäftsvorfälle in ihrer Entstehung und Abwicklung zu verfolgen.

- *Grundsatz der Vergleichbarkeit*
  Mit dem Grundsatz der Vergleichbarkeit wird der Zeitvergleich und der zwischenbetriebliche Vergleich angesprochen. Die Vergleichbarkeit setzt eine formelle (gliederungsmäßige) und materielle (bewertungsmäßige) **Bilanzkontinuität** voraus. Wird hiervon in bestimmten Fällen abgewichen, ist das im Jahresabschluß entsprechend zu vermerken und zu erläutern.
  Der Grundsatz der Vergleichbarkeit beinhaltet auch den Grundsatz der **Bilanzidentität** (das Übereinstimmen der Schlußbilanz eines Jahres mit der Eröffnungsbilanz des folgenden Geschäftsjahres), der zusammen mit der „Gliederungsstetigkeit" den Grundsatz der **formellen Bilanzkontinuität** ausmacht.

- *Grundsatz der Klarheit und Übersichtlichkeit*
  Dieser Grundsatz bezieht sich auf die Gliederung und Bezeichnung der Posten. Für den Jahresabschluß im Krankenhaus gelten die Gliederungsvorschriften der KHBV.

- *Grundsatz der Vollständigkeit*
  Dieser Grundsatz ist in § 239 Abs. 2 HGB explizit genannt, wonach die Eintragungen in Büchern und die sonst erforderlichen Aufzeichnungen vollständig sein müssen.

- *Stichtagsprinzip*
  Laut § 252 Abs. 1 Nr. 3 HGB sind die Vermögensgegenstände und Schulden zum Abschlußstichtag einzeln zu bewerten.

- *Prinzip der Periodisierung*
  Laut § 252 Abs. 1 Nr. 5 HGB sind Aufwendungen und Erträge des Geschäftsjahres unabhängig von den Zeitpunkten der entsprechenden Zahlungen im Jahresabschluß zu berücksichtigen.

Systemgrundsätze
Die aus den Zwecken der Buchführung und des Jahresabschlusses abgeleiteten Regeln haben teilweise den Charakter von allgemeinen Handlungsanweisungen, die einer Konkretisierung bedürfen. Hierzu gehören:

- *Grundsatz der Fortführung des Unternehmens*
  § 252 Abs. 1 Nr. 2 HGB führt hierzu aus:
  „Bei der Bewertung ist von der Fortführung der Unternehmenstätigkeit auszugehen, sofern dem nicht tatsächliche oder rechtliche Gegebenheiten entgegenstehen." Dieser Grundsatz wird allgemein als Grundprinzip für die Bewertung von Vermögensgegenständen und Schulden anerkannt. Negativ formuliert bedeutet das, daß bei der Bewertung keine „Liquidationswerte" angesetzt werden dürfen.

- *Grundsatz der Pagatorik*
  Nach diesem Grundsatz müssen die Bewertungen auf tatsächliche bzw. künftig erwartete Zahlungen abstellen.

- *Grundsatz der Einzelbewertung*
  Der Grundsatz der Einzelbewertung ergibt sich aus dem bereits zitierten § 253 Abs. 1 Nr. 3 HGB, wonach die Vermögensgegenstände und Schulden zum Abschlußstichtag **einzeln** zu bewerten sind. Das HGB sieht im Hinblick auf diesen Grundsatz verschiedene Ausnahmen vor.[27]

Definitionsgrundsätze für den Jahreserfolg

Mit den Definitionsgrundsätzen wird festgelegt, welche Ausgaben und Einnahmen einem Geschäftsjahr erfolgswirksam zuzurechnen sind. Es wird damit auf eine periodengerechte Erfolgsermittlung im Sinne des Ziels der Rechenschaftslegung abgestellt.

Zu den Definitionsgrundsätzen gehören die unter Abschnitt 1.5 genannten Bewertungsvorschriften, insbesondere das **Realisationsprinzip** und das **Imparitätsprinzip**.

Ansatzgrundsätze

Sie legen fest, was in der Bilanz als Aktivum und was als Passivum anzusetzen ist. Die zu aktivierenden Vermögensgegenstände müssen greifbar und selbständig verwertbar sein. Zu passivieren sind Verbindlichkeiten, Verbindlichkeitsrückstellungen (drohende Verluste aus schwebenden Geschäften) sowie Aufwandsrückstellungen (im Geschäftsjahr wirtschaftlich verursachte Aufwendungen, die noch nicht zu Ausgaben oder Verbindlichkeiten geführt haben).

Kapitalerhaltungsgrundsätze

Zu den Kapitalerhaltungsgrundsätzen zählen das **Imparitätsprinzip** und das **Vorsichtsprinzip**.

Entsprechend dem Imparitätsprinzip werden vorhersehbare Risiken und Verluste berücksichtigt, auch wenn sie am Bilanzstichtag noch nicht „realisiert" sind.

"Das Vorsichtsprinzip sollte so interpretiert werden, daß bei der Abbildung zukunftsbezogener realer Sachverhalte erstens aus der Bandbreite möglicher Werte der (arithmetische) Mittelwert bilanziert wird und zweitens zusätzlich eine Rückstellung für die Differenz zwischen dem Mittelwert und dem unteren (bzw. oberen) Ende der Bandbreite gebildet wird. Durch die Mittelwert-

---

27 z. B. das Bilden sogenannter Festwerte nach § 240 Abs. 3 HGB, die Gruppenbewertung nach § 240 Abs. 4 HGB und die Bewertungsvereinfachungsverfahren nach § 256 HGB

bilanzierung ließe sich dem Rechenschaftszweck und durch die Rückstellung für die halbe Bandbreite dem Kapitalerhaltungszweck jeweils explizit Rechnung tragen."[28]

1.7 Kontenrahmen für die Buchführung

Der Kontenrahmen ist der Organisations- und Gliederungsrahmen für das gesamte Rechnungswesen und somit Grundlage der ordnungsmäßigen kaufmännischen Buchführung. Er ist als Anlage 4 Teil der KHBV und hat als solcher Verordnungscharakter. So schreibt auch § 3 KHBV ausdrücklich vor, daß die Konten nach dem Kontenrahmen der Anlage 4 einzurichten sind, es sei denn, daß durch ein ordnungsgemäßes Überleitungsverfahren die Umschlüsselung auf den Kontenrahmen sichergestellt wird.

Der **Kontenrahmen laut KHBV** sieht für die Buchführung der Krankenhäuser die Kontenklassen 0 bis 8 vor:

Kontenklasse		
0	Ausstehende Einlagen und Anlagevermögen	
1	Umlaufvermögen, Rechnungsabgrenzung	Bilanz
2	Eigenkapital, Sonderposten, Rückstellungen	
3	Verbindlichkeiten, Rechnungsabgrenzung	
4	Betriebliche Erträge	
5	Andere Erträge	Erfolgs-
6	Aufwendungen	rechnung
7	Aufwendungen	
8	Eröffnungs- und Abschlußkonten, Abgrenzungskonten, „freie" Konten	

Der Kontenrahmen ist nach dem dekadischen System aufgebaut.[29]
Die **Kontenklassen** werden jeweils weiter unterteilt in **Kontengruppen** und diese wiederum in **Kontenuntergruppen** differenziert. Das sei anhand eines Beispiels veranschaulicht:

---

28 Baetge, J.: Grundsätze ordnungsmäßiger Buchführung und Bilanzierung, in: Handwörterbuch des Rechnungswesens, Herausgeber: Chmielewicz, K., Schweitzer, M. u.a., 3. Auflage, Stuttgart 1993, Sp. 867
29 Vgl. Anhang 1

Kontenklasse 1:	Umlaufvermögen, Rechnungsabgrenzung
Kontengruppe 10:	Vorräte
Kontenuntergruppe 100:	Vorräte an Lebensmitteln
Kontenuntergruppe 101:	Vorräte medizinischer Bedarf

.
.
.

Der Kontenrahmen ist Grundlage für den krankenhausindividuellen **Kontenplan,** der entsprechend den Erfordernissen des einzelnen Krankenhauses die Konten weiter differenziert, so z. B. die Kontenuntergruppe 101 (Vorräte medizinischer Bedarf) in Konten je Aufwandsart innerhalb des medizinischen Bedarfs.[30]

Neben dem Kontenrahmen für die Buchführung enthält die Anlage 4 zur KHBV unter Kontenklasse 9 den **Kostenstellenrahmen** für die Kosten- und Leistungsrechnung der Krankenhäuser.

Die Buchführung liefert im Hinblick auf den Betriebserfolg nur die Informationen über die Höhe der unterschiedlichen Erträge und Aufwendungen. Für Zwecke der Betriebssteuerung und Kontrolle ist es jedoch unverzichtbar zu wissen, wo, d.h. in welcher Kostenstelle bzw. welchem Leistungsbereich des Krankenhauses (z.B. Röntgenabteilung, OP, Stationen) Aufwendungen angefallen sind.

So wie der Kontenrahmen die Grundlage für den krankenhausindividuellen Kontenplan ist, so ist der Kostenstellenrahmen Ausgangspunkt für das Entwickeln des krankenhausindividuellen Kostenstellenplans.

Wird bei jeder Kontierung von Aufwendungen neben der Aufwandsart auch die betreffende Kostenstelle angegeben, in der die Aufwendungen angefallen sind (Kontieren von Kostenstelleneinzelkosten)[31], so erhält man eine Kostenstellenrechnung, die in dieser Form für die kostenstellenbezogene Wirtschaftlichkeitskontrolle geeignet ist. Für die weitergehenden Zwecke der Kostenrechnung sind hierauf aufbauend noch Verrechnungen innerhalb des Kostenstellensystems erforderlich.

---

30 Vgl. Abschnitt 3.2.10
31 Kostenstelleneinzelkosten sind solche Kosten, die man einer Kostenstelle (Leistungsbereich) verursachungsgemäß (direkt) zuordnen kann.

2. Bilanzposten

2.1 Gliederung der Krankenhausbilanz

Die Gliederung der Krankenhausbilanz ist in Anlage 1 zur KHBV folgendermaßen vorgeschrieben:[32]

Aktivseite

A. Ausstehende Einlagen auf das gezeichnete/festgesetzte Kapital (KGr. 00), ...
davon eingefordert ....

B. Anlagevermögen:

  I. Immaterielle Vermögensgegenstände und dafür geleisteteAnzahlungen (KUGr. 090 u. 091) ....

  II. Sachanlagen

  1. Grundstücke und grundstücksgleiche Rechte und Betriebsbauten einschließlich der Betriebsbauten auf fremden Grundstücken (KGr. 01; KUGr. 050, 053) ....

  2. Grundstücke und grundstücksgleiche Rechte mit Wohnbauten einschließlich der Wohnbauten auf fremden Grundstücken (KGr. 03, KUGr. 052; KUGr. 053, soweit nicht unter 1.) ....

  3. Grundstücke und grundstücksgleiche Rechte ohne Bauten (KGr. 04) ....

  4. technische Anlagen (KGr. 06) ....

  5. Einrichtungen und Ausstattungen (KGr. 07) ....

  6. geleistete Anzahlungen und Anlagen im Bau (KGr. 08) ....

---

32 Die Klammerhinweise auf die Kontengruppen und Kontenuntergruppen des Kontenrahmens entfallen in der Bilanz.

III. Finanzanlagen:

   1. Anteile an verbundenen Unternehmen
(KUGr. 092) ....

   2. Ausleihungen an verbundene Unternehmen (KUGr. 093) ....

   3. Beteiligungen (KUGr. 094) ....

   4. Ausleihungen an Unternehmen, mit
denen ein Beteiligungsverhältnis besteht
(KUGr. 095) ....

   5. Wertpapiere des Anlagevermögens
(KUGr. 096) ....

   6. sonstige Finanzanlagen (KUGr. 097), ...
davon bei Gesellschaftern bzw. dem
Krankenhausträger ....

C. Umlaufvermögen:

  I. Vorräte:

   1. Roh-, Hilfs- und Betriebsstoffe
(KUGr. 100 - 105) ....

   2. unfertige Erzeugnisse, unfertige
Leistungen (KUGr. 106) ....

   3. fertige Erzeugnisse und Waren
(KUGr. 107) ....

   4. geleistete Anzahlungen (KGr. 11) ....

  II. Forderungen und sonstige Vermögensgegenstände:

   1. Forderungen aus Lieferungen und
Leistungen (KGr. 12), ...
davon mit einer Restlaufzeit
von mehr als einem Jahr ....

   2. Forderungen an Gesellschafter bzw.
den Krankenhausträger (KUGr. 160), ...
davon mit einer Restlaufzeit
von mehr als einem Jahr ....

   3. Forderungen nach dem Krankenhausfinanzierungsrecht (KGr. 15), ...

davon nach der BPflV
(KUGr. 151), ...
davon mit einer Restlaufzeit
von mehr als einem Jahr ....

4. Forderungen gegen verbundene Unternehmen (KUGr. 161), ...
   davon mit einer Restlaufzeit
   von mehr als einem Jahr ....

5. Forderungen gegen Unternehmen, mit
   denen ein Beteiligungsverhältnis besteht
   (KUGr. 162), ...
   davon mit einer Restlaufzeit
   von mehr als einem Jahr ....

6. sonstige Vermögensgegenstände
   (KUGr. 163), ...
   davon mit einer Restlaufzeit
   von mehr als einem Jahr ....

III. Wertpapiere des Umlaufvermögens
   (KGr. 14), ...
   davon Anteile an verbundenen Unternehmen
   (KUGr. 140) ....

IV. Schecks, Kassenbestand, Bundesbank-
   und Postgiroguthaben, Guthaben bei
   Kreditinstituten (KGr. 13) ....

D. Ausgleichsposten nach dem KHG:

1. Ausgleichsposten aus Darlehensförderung
   (KUGr. 180) ....

2. Ausgleichsposten für Eigenmittelförderung
   (KUGr. 181) ....

E. Rechnungsabgrenzungsposten:

1. Disagio (KUGr. 170) ....

2. andere Abgrenzungsposten (KUGr. 171) ....

F. Nicht durch Eigenkapital gedeckter Fehlbetrag ....

....

Passivseite

A. Eigenkapital:

1. Gezeichnetes/festgesetztes Kapital
   (KUGr. 200) ....

2. Kapitalrücklagen (KUGr. 201) ....

3. Gewinnrücklagen (KUGr. 202) ....

4. Gewinnvortrag/Verlustvortrag
   (KUGr. 203) ....

5. Jahresüberschuß/Jahresfehlbetrag
   (KUGr. 204) ....

B. Sonderposten aus Zuwendungen zur
Finanzierung des Sachanlagevermögens:

1. Sonderposten aus Fördermitteln nach dem
   KHG (KGr. 22) ....

2. Sonderposten aus Zuweisungen und
   Zuschüssen der öffentlichen Hand (KGr. 23) ....

3. Sonderposten aus Zuwendungen Dritter
   (KGr. 21) ....

C. Rückstellungen:

1. Rückstellungen für Pensionen und ähnliche
   Verpflichtungen (KGr. 27) ....

2. Steuerrückstellungen (KUGr. 280) ....

3. sonstige Rückstellungen (KUGr. 281) ....

D. Verbindlichkeiten:

1. Verbindlichkeiten gegenüber Kreditinstituten (KGr. 34), ...
   davon gefördert nach dem KHG, ...
   davon mit einer Restlaufzeit
   bis zu einem Jahr ....

2. erhaltene Anzahlungen (KGr. 36), ...
   davon mit einer Restlaufzeit
   bis zu einem Jahr ....

3. Verbindlichkeiten aus Lieferungen und
   Leistungen (KGr. 32), ...
   davon mit einer Restlaufzeit
   bis zu einem Jahr   ....

4. Verbindlichkeiten aus der Annahme
   gezogener Wechsel und der Ausstellung
   eigener Wechsel (KGr. 33), ...
   davon mit einer Restlaufzeit
   bis zu einem Jahr   ....

5. Verbindlichkeiten gegenüber Gesellschaftern
   bzw. dem Krankenhausträger (KUGr. 370), ...
   davon mit einer Restlaufzeit
   bis zu einem Jahr   ....

6. Verbindlichkeiten nach dem Krankenhausfinanzierungsrecht (KGr. 35), ...
   davon nach der BPflV (KUGr. 351), ...
   davon mit einer Restlaufzeit
   bis zu einem Jahr   ....

7. Verbindlichkeiten aus sonstigen
   Zuwendungen zur Finanzierung des
   Anlagevermögens (KUGr. 371), ...
   davon mit einer Restlaufzeit
   bis zu einem Jahr   ....

8. Verbindlichkeiten gegenüber verbundenen
   Unternehmen (KUGr. 372), ...
   davon mit einer Restlaufzeit
   bis zu einem Jahr   ....

9. Verbindlichkeiten gegenüber Unternehmen,
   mit denen ein Beteiligungsverhältnis besteht
   (KUGr. 373), ...
   davon mit einer Restlaufzeit
   bis zu einem Jahr   ....

10. sonstige Verbindlichkeiten (KUGr. 374), ...
    davon mit einer Restlaufzeit
    bis zu einem Jahr   ....

E. Ausgleichsposten aus Darlehensförderung
   (KGr. 24) ....

F. Rechnungsabgrenzungsposten (KGr. 38) ....

....

Haftungsverhältnisse: ....

Dieses Gliederungsschema stellt eine Mindestgliederung im Sinne des § 265 Abs. 5 HGB dar, d. h. eine weitere Untergliederung der Posten ist zulässig. Neue Posten dürfen hinzugefügt werden, wenn ihr Inhalt nicht von einem vorgeschriebenen Posten gedeckt wird.

In der Bilanz (und auch in der Gewinn- und Verlustrechnung) ist zu jedem Posten der entsprechende Betrag des vorhergehenden Geschäftsjahres anzugeben.

Ein Posten der Bilanz (oder der Gewinn- und Verlustrechnung), der keinen Betrag ausweist, braucht nicht aufgeführt zu werden, es sei denn, daß im vorhergehenden Geschäftsjahr unter diesem Posten ein Betrag ausgewiesen wurde (§ 265 Abs. 8 HGB).

Im folgenden wird auf die Bilanzposten eingegangen, die für alle Krankenhäuser von Bedeutung sind. Hinsichtlich der Bilanzposten, die nur für Krankenhäuser in der Rechtsform einer Kapitalgesellschaft von Bedeutung sind, wird auf die einschlägige Literatur verwiesen.

2.2 Aktivposten

2.2.1 Anlagevermögen

2.2.1.1 Begriff, Gliederung, Abgrenzung

Beim Anlagevermögen sind laut § 247 Abs. 2 HGB nur die Gegenstände auszuweisen, die bestimmt sind, dauernd dem Geschäftsbetrieb zu dienen.

In der **Bilanz** ist folgende Gliederung der Sachanlagen[33] vorgesehen:

(1) Grundstücke und grundstücksgleiche Rechte mit Betriebsbauten einschließlich der Betriebsbauten auf fremden Grundstücken (KGr. 01; KUGr 050, 053),

---

33 Immaterielle Vermögensgegenstände kommen in Krankenhäusern mit Ausnahme von Software in der Regel nicht vor.

(2) *Grundstücke und grundstücksgleiche Rechte mit Wohnbauten ein-schließlich der Wohnbauten auf fremden Grundstücken (KGr. 03; KUGr 052; KUGr 053, soweit nicht unter (1),*
(3) *Grundstücke und grundstücksgleiche Rechte ohne Bauten (KGr. 04),*
(4) *Technische Anlagen (KGr 06),*
(5) *Einrichtungen und Ausstattungen (KGr 07),*
(6) *Geleistete Anzahlungen und Anlagen im Bau (KGr 08).*

Zu (1), (2) und (3): *Grundstücke und grundstücksgleiche Rechte mit Be-triebsbauten*

Betriebsbauten dienen der Zielsetzung des Krankenhauses, nämlich Krankenhausleistungen zu erbringen. Hierzu zählen auch u.a. Wäschereigebäude, Küchengebäude und Verwaltungsgebäude sowie für den Krankenhausbetrieb unerläßliche Wohnbauten, die nach den Bestimmungen des KHG gefördert werden und damit als Teil des Krankenhausbetriebes zu betrachten sind (z. B. Zimmer für den Anwesenheitsbereitschaftsdienst).

Der **Kontenrahmen**[34] differenziert jeweils weiter in:
● bebaute Grundstücke,
● Betriebsbauten,
● Außenanlagen.

Der **Kontenplan** des einzelnen Krankenhauses sieht für jedes Grundstück bzw. jedes Gebäude, das eine wirtschaftliche Einheit darstellt, ein eigenes Konto vor, denn nur so läßt sich der Grundsatz der Einzelbewertung, der Bestandteil der GOB ist, realisieren.
In der **Anlagenrechnung** sind nicht nur für jedes Gebäude Grund und Boden, Gebäudewert und Wert der Außenanlagen getrennt zu dokumentieren, sondern es ist in jedem Fall die Finanzierungsart (KHG-gefördert, mit Eigenmitteln finanziert, mit Zuschüssen finanziert) anzugeben. Dient ein Gebäude verschiedenen Zwecken (z. B. Krankenhaus und Altenheim), so wird sich das auch in der Finanzierung widerspiegeln. Es ist dann zu prüfen, ob nicht jeder Bereich entsprechend der unterschiedlichen Finanzierung als selbständige Einheit in der Anlagenrechnung zu führen und auch zu bilanzieren ist.
Die Bewertung der Betriebsbauten erfolgt zu Anschaffungskosten, vermindert um die bis zum Bilanzstichtag angefallenen planmäßigen Abschreibungen.[35]

---

34 Vgl. Anhang 1
35 Zu den Abschreibungen vgl. Abschnitt 3.2.12

Zu (4): *Technische Anlagen*

Technische Anlagen (insbesondere in Betriebsbauten) sind nach der Gliederungsvorschrift für die Bilanz nicht dem Gebäude zuzurechnen, sondern getrennt zu aktivieren. Für die Buchführung bzw. die Anlagenrechnung bedeutet das eine entsprechend differenzierte Erfassung.

Bei den getrennt zu aktivierenden technischen Anlagen handelt es sich einerseits vor allem um Betriebsvorrichtungen im Sinne des Steuerrechts. Dazu zählen Maschinen, maschinelle Anlagen und sonstige Vorrichtungen, die zwar Bestandteil des Gebäudes sein können, jedoch nicht der allgemeinen Nutzung des Gebäudes dienen, sondern dem spezifischen Betriebszweck des Krankenhauses. Hierzu gehören z. B. Fahrstuhlanlagen für den Krankentransport, die Klima- und Lüftungstechnik für den OP, krankenhausspezifische Wasseraufbereitungsanlagen.

Andererseits bedeutet das, daß eine allgemein übliche Haustechnik unselbständiger Gebäudebestandteil ist und daher zusammen mit dem Gebäude zu bilanzieren und auch abzuschreiben ist.

Die eigenständige Bilanzierung eines Gebäudeteils im Sinne einer technischen Anlage hat Konsequenzen für die buchtechnische Behandlung der mit einer Erneuerung verbundenen Aufwendung. Diese sind Herstellungsaufwand und als solcher aktivierungspflichtig, während die Erneuerung eines unselbständigen Gebäudeteils nicht aktivierungspflichtigen Erhaltungsaufwand darstellt.

Zu (5): *Einrichtungen und Ausstattungen*

Der **Kontenrahmen** laut KHBV sieht folgende Untergliederung vor:
- Einrichtungen und Ausstattungen in Betriebsbauten,
- Einrichtungen und Ausstattungen in Wohnbauten,
- Gebrauchsgüter
  - wiederbeschaffte geringwertige Gebrauchsgüter (mit Anschaffungs- oder Herstellungskosten ohne Umsatzsteuer von mehr als 100 und bis zu 800 DM),
  - wiederbeschaffte Gebrauchsgüter mit Anschaffungs- oder Herstellungskosten ohne Umsatzsteuer von mehr als 800 DM,
- Festwerte[36] in Betriebsbauten,
- Festwerte in Wohnbauten.

Die Deckung der laufenden Kosten über Budget und Pflegesätze macht eine weitere Untergliederung der Gebrauchsgüter in solche

---

36 Vgl. Abschnitt 2.2.2.2

- des medizinischen Bedarfs,
- des Wirtschaftsbedarfs,
- des Verwaltungsbedarfs.

erforderlich, da die Gebrauchsgüter des medizinischen Bedarfs über Abteilungspflegesätze, Sonderentgelte und Fallpauschalen, die übrigen Aufwendungen für Gebrauchsgüter über den Basispflegesatz bzw. den Basispflegesatzanteil in den Fallpauschalen gedeckt werden.

Zu (6): *Geleistete Anzahlungen und Anlagen im Bau*
Unter dieser Position sind die Aufwendungen für im Bau befindliche Anlagen bzw. die geleisteten Anzahlungen auf Anlagen auszuweisen. Nach Inbetriebnahme erfolgt eine Umbuchung auf die entsprechenden Positionen des Sachanlagevermögens.

2.2.1.2 Finanzierung, Anlagenrechnung und Anlagennachweis

Die **Abgrenzungsverordnung** in ihrer Funktion als Finanzierungs- und Bilanzierungsverordnung trifft Regelungen über die Abgrenzung der im Pflegesatz nicht zu berücksichtigenden Investitionskosten von den pflegesatzfähigen Kosten der Krankenhäuser.
In § 2 (Begriffsbestimmungen) unterscheidet die Abgrenzungsverordnung:
(1) Anlagegüter,
(2) Gebrauchsgüter,
(3) Verbrauchsgüter.

Zu (1): *Anlagegüter*
Anlagegüter sind die Wirtschaftsgüter des zum Krankenhaus gehörenden Anlagevermögens.

Zu (2): *Gebrauchsgüter*
Gebrauchsgüter sind die Anlagegüter mit einer durchschnittlichen Nutzungsdauer bis zu 3 Jahren.
Im Verzeichnis I der Anlage zur Abgrenzungsverordnung sind als Gebrauchsgüter beispielhaft genannt:

1. Dienst- und Schutzkleidung, Wäsche, Textilien,

2. Glas- und Porzellanartikel,

3. Geschirr,

4. sonstige Gebrauchsgüter des medizinischen Bedarfs wie Atembeutel,

Heizdecken und -kissen,
Hörkissen und -muscheln,
Magenpumpen,
Nadelhalter,
Narkosemasken,
Operationstisch-Auflagen, -Polster und -Decken,
Schienen,
Spezialkatheter und -kanülen,
Venendruckmesser,
Wassermatratzen,

5. sonstige Gebrauchsgüter des Wirtschafts- und Verwaltungsbedarfs wie
   Bild-, Ton- und Datenträger,
   elektrische Küchenmesser, Dosenöffner und Quirle,
   Warmhaltekannen.

Diese beispielhaft genannten Wirtschaftsgüter gelten dann nicht als Gebrauchsgüter, wenn sie nach den Bestimmungen des § 2 Nr. 3 Satz 2 Abgrenzungsverordnung Verbrauchsgüter sind, d. h. ihre Anschaffungs- oder Herstellungskosten für das einzelne Anlagegut ohne Umsatzsteuer 100 DM nicht übersteigen.

Zu (3): *Verbrauchsgüter*
Zu den Verbrauchsgütern zählen die Wirtschaftsgüter, die durch ihre bestimmungsgemäße Verwendung aufgezehrt oder unverwendbar werden oder die ausschließlich von einem Patienten genutzt werden und üblicherweise bei ihm verbleiben. Als Verbrauchsgüter gelten auch die wiederbeschafften, abnutzbaren beweglichen Anlagegüter, die einer selbständigen Nutzung fähig sind und deren Anschaffungs- oder Herstellungskosten für das einzelne Anlagegut ohne Umsatzsteuer 100 DM nicht übersteigen.
§ 3 Abgrenzungsverordnung (AbgrV) trifft folgende Zuordnungsgrundsätze im Hinblick auf die **Finanzierung**:

Pflegesatzfähig sind

1. die Kosten der Wiederbeschaffung
   - von beweglichen, selbständig nutzungsfähigen Gebrauchsgütern, deren Anschaffungs- oder Herstellungskosten für das einzelne Gebrauchsgut ohne Umsatzsteuer 800 DM nicht übersteigen, und zwar in voller Höhe in dem Pflegesatzzeitraum, in dem sie angeschafft bzw. hergestellt werden,
   - von sonstigen Gebrauchsgütern entsprechend ihrem Abschreibungsbetrag,

2. sonstige Investitionskosten und ihnen gleichstehende Kosten (z. B. Mieten, Leasinggebühren) nach Maßgabe der §§ 17 und 18 b KHG (Investi-

51

tionskosten bei nicht geförderten Krankenhäusern, Investitionskosten beim Abschluß von Investitionsverträgen),

3. die Kosten der Anschaffung oder Herstellung von Verbrauchsgütern,

4. die Kosten der Instandhaltung von Anlagegütern nach Maßgabe des § 4 AbgrV, d. h. die Kosten der Erhaltung oder Wiederherstellung von Anlagegütern des Krankenhauses, wenn dadurch

- das Anlagegut in seiner Substanz nicht wesentlich vermehrt, in seinem Wesen nicht erheblich verändert, seine Nutzungsdauer nicht wesentlich verlängert oder es über seinen bisherigen Zustand hinaus nicht deutlich verbessert wird,

- in baulichen Einheiten Gebäudeteile, betriebstechnische Anlagen und Einbauten oder Außenanlagen nicht vollständig oder nicht überwiegend ersetzt werden. Für die Beurteilung, ob ein überwiegendes Ersetzen stattgefunden hat, sind Maßnahmen, die im Rahmen eines einheitlichen Vorhabens in einem Zeitraum von bis zu drei Jahren durchgeführt werden, zusammenzurechnen.

Die im Zusammenhang mit den Instandhaltungskosten genannten Begriffe (bauliche Einheiten, Gebäudeteile, betriebstechnische Anlagen und Einbauten, Außenanlagen) sind im Verzeichnis III der Anlage zur Abgrenzungsverordnung beispielhaft erläutert.

Bauliche Einheiten sind zum Beispiel:
- Dach,
- Fassade,
- Geschoß,
- Treppenhaus.

Gebäudeteile sind zum Beispiel:
- Anstrich,
- Blitzschutzanlage,
- Beton- und Steinverkleidungen,
- Bodenbeläge,
- Einbaumöbel,
- Estrich,
- Fenster,
- Fliesen,
- Güter des Rohbaus wie Maurer- und Zimmerarbeiten,
- Rolläden,
- Tapeten,
- Türen.

Betriebstechnische Anlagen und Einbauten sind zum Beispiel:
- Belüftungs-, Entlüftungs- und Klimaanlagen,
- Druckluft-, Vakuum- und Sauerstoffanlagen,
- Fernsprechvermittlungsstellen,
- Behälterförderanlagen,
- Gasversorgungsanlagen,
- Heizungsanlagen,
- Sanitäre Installation,
- Schwachstromanlagen,
- Starkstromanlagen,
- Warmwasserversorgungsanlagen.

Außenanlagen sind zum Beispiel:
- Einfriedungen,
- Grünanlagen,
- Straßen-, Wege- und Platzbefestigungen,
- Versorgungs- und Entsorgungsanlagen.

Nicht pflegesatzfähig sind:

1. die Kosten
   - der Errichtung und Erstausstattung von Krankenhäusern mit Ausnahme der Kosten der Anschaffung von Verbrauchsgütern,
   - der Ergänzung von Anlagegütern, soweit diese über die übliche Anpassung der vorhandenen Anlagegüter an die medizinische und technische Entwicklung wesentlich hinausgeht,

2. die Kosten der Wiederbeschaffung von Anlagegütern mit einer durchschnittlichen Nutzungsdauer von mehr als 3 Jahren, soweit diese nicht aufgrund der Wertgrenze des § 2 Nr. 3 AbgrV als Verbrauchsgüter gelten,

3. die Kosten der Erhaltung oder Wiederherstellung von Anlagegütern, soweit diese nicht zu den Instandhaltungskosten im Sinne des § 4 AbgrV gehören.

Welche Anlagegüter eine durchschnittliche Nutzungsdauer von mehr als 3 Jahren haben, wird im Verzeichnis II der Anlage zur Abgrenzungsverordnung beispielhaft genannt:

1. Einrichtungs- und Ausstattungsgegenstände wie:
   - Fahrzeuge,
   - Geräte, Apparate, Maschinen,
   - Instrumente,
   - Lampen,
   - Mobiliar,
   - Werkzeug,

2. sonstige Einrichtungs- und Ausstattungsgegenstände des medizinischen Bedarfs wie:
   - Extensionsbügel,
   - Gehgestelle,
   - Lehrmodelle,
   - Röntgenfilmkassetten,

3. sonstige Einrichtungs- und Ausstattungsgegenstände des Wirtschafts- und Versorgungsbedarfs wie:
   - Bildtafeln,
   - Bücher,
   - Datenverarbeitungsanlagen,
   - Fernsehantennen,
   - Fernsprechapparate,
   - Kochtöpfe,
   - Küchenbleche,
   - Lautsprecher,
   - Projektionswände.

Diese Zuordnung gilt nur, soweit diese Güter nicht aufgrund der Wertgrenze des § 2 Nr. 3 Satz 2 AbgrV als Verbrauchsgüter gelten.

Die durchschnittliche Nutzungsdauer eines Anlagegutes ist laut § 3 Abs. 3 AbgrV auf der Grundlage der Nutzungsdauer bei einschichtigem Betrieb zu ermitteln.

Für die in der Abgrenzungsverordnung genannten Wertgrenzen sind die Anschaffungs- bzw. Herstellungskosten zugrunde zu legen, d. h. vom Kaufpreis sind Kaufpreisminderungen (z. B. Skonti und Rabatte) abzusetzen und Anschaffungsnebenkosten (z. B. Transportkosten) zu addieren.

In der **Anlagenbuchhaltung (Anlagenrechnung)** des Krankenhauses sind neben den Gliederungsvorschriften des Kontenrahmens im Kontenplan Differenzierungen in der Form vorzusehen, daß die Anlagegüter getrennt nach Finanzierungsformen erfaßt und in ihrem Wert fortgeschrieben werden.

Der nachfolgend wiedergegebene **Anlagennachweis** entsprechend der Anlage 3 zur KHBV verlangt Informationen, die sich aus der Anlagenrechnung ergeben. Da sich die Gliederung der Sachanlagen im Anlagennachweis aus der Gliederung der Bilanz ergibt, wird im Anlagennachweis die differenzierte Struktur des Anlagevermögens mit seiner Finanzierung nur unvollkommen sichtbar.

In der Anlagenrechnung werden neben für den Anlagennachweis benötigten Informationen je Anlagegut außerdem dokumentiert:
- Standort (Angabe der Kostenstelle),
- voraussichtliche Nutzungsdauer,

- Höhe der Abschreibung (aus der Nutzungsdauer abgeleitet),
- Finanzierung des Anlagegutes (Fördermittel, Eigenmittel, Zuschüsse).

Die Anlagenrechnung erfolgt in der Regel EDV-gestützt und liefert „automatisch" den Anlagennachweis (siehe Seite 56 f.).

2.2.2 Vorräte

2.2.2.1 Gliederung und Abgrenzung

Die Bilanz entsprechend Anlage I der KHBV sieht für die Vorräte folgende Gliederung vor:
1. *Roh-, Hilfs- und Betriebsstoffe (KUGr 100 – 105),*
2. *Unfertige Erzeugnisse, unfertige Leistungen (KUGr 106),*
3. *Fertige Erzeugnisse und Waren (KUGr 107),*
4. *Geleistete Anzahlungen (KGr 11).*

Diese Gliederung stimmt überein mit der Gliederung der Bilanz laut § 266 HGB, die als Ausfluß des Bilanzrichtliniengesetzes generelle Gültigkeit haben soll. Sie lehnt sich in der Terminologie an die industrielle Produktion an und ist für Krankenhäuser daher wenig aussagekräftig.

Rohstoffe sind die Stoffe, die als Hauptbestandteil in Fertigfabrikate eingehen.

Hilfsstoffe sind zwar auch Bestandteil der Fertigfabrikate, spielen aber wertmäßig eine untergeordnete Rolle, so daß auf eine genaue Erfassung pro Stück verzichtet wird (z. B. Leim bei der Herstellung von Möbeln).

Betriebsstoffe werden zwar bei der Produktion verbraucht (z. B. Elektrizität, Dieselöl, Schmierstoffe), gehen aber nicht in das Fertigfabrikat ein.

Roh-, Hilfs- und Betriebsstoffe zählen zu den **Werkstoffen**, zu denen auch alle Güter gehören, die als Fertigteile in ein Produkt eingebaut werden (z. B. Reifen bei der Herstellung von Automobilen).

Beim Bilanzposten „Vorräte an Roh-, Hilfs- und Betriebsstoffen" wird auf die Kontenuntergruppen 100 bis 105 des Kontenrahmens Bezug genommen:

100	Vorräte an Betriebsmitteln,
101	Vorräte des medizinischen Bedarfs,
102	Vorräte an Betriebsstoffen,
103	Vorräte des Wirtschaftsbedarfs,
104	Vorräte des Verwaltungsbedarfs,
105	Sonstige Roh-, Hilfs- und Betriebsstoffe.

Anlagennachweis

Bilanzposten: B.II. Sachanlagen	Entwicklung der Anschaffungswerte				
	Anfangsstand	Zugang	Umbuchungen	Abgang	Endstand
	DM	DM	DM	DM	DM
1	2	3	4	5	6
1. Grundstücke und grundstücksgleiche Rechte mit Betriebsbauten einschließlich der Betriebsbauten auf fremden Grundstücken					
2. Grundstücke und grundstücksgleiche Rechte mit Wohnbauten einschließlich der Wohnbauten auf fremden Grundstücken					
3. Grundstücke und grundstücksgleiche Rechte ohne Bauten					
4. technische Anlagen					
5. Einrichtungen und Ausstattungen					
6. geleistete Anzahlungen und					

Entwicklung der Abschreibungen						
Anfangs- stand	Abschrei- bungen des Geschäfts jahres	Um- buchungen	Zuschrei- bungen des Geschäfts- jahres	Entnahme für Abgänge	Endstand	Restbuch- werte (Stand 31.12.)
DM	DM	DM	DM	DM	DM	DM
7	8	9	10	11	12	13

Die Notwendigkeit einer weiteren Differenzierung im Kontenplan des Krankenhauses ergibt sich bei den Vorräten des medizinischen Bedarfs deswegen, weil die Aufwendungen entsprechend dem Kontenrahmen weiter differenziert werden und diese Differenzierung unverzichtbar ist für das Erstellen der Leistungs- und Kalkulationsaufstellung (LKA). Eine noch weitergehende Differenzierung kann für Zwecke der Kostenkontrolle empfehlenswert sein.[37]

Für die Abgrenzung der dem Umlaufvermögen zuzuordnenden Vorräte vom Anlagevermögen, insbesondere den Gebrauchsgütern, ist die Begriffsbestimmung für die Verbrauchsgüter laut § 2 Nr. 3 AbgrV zu beachten. Insbesondere die Festlegung ist zu beachten, daß auch die wiederbeschafften abnutzbaren beweglichen Anlagegüter, die einer selbständigen Nutzung fähig sind und deren Anschaffungs- oder Herstellungskosten für das einzelne Anlagegut ohne Umsatzsteuer 100 DM nicht übersteigen, als Verbrauchsgüter gelten.

Unfertige Erzeugnisse betreffen terminologisch primär die Produktion von Waren. **Unfertige Leistungen** gibt es jedoch auch in Krankenhäusern dann, wenn Patienten, deren Behandlung über Fallpauschalen abgerechnet wird, das Krankenhaus noch nicht verlassen haben. Dieser Sachverhalt spielt bei der zeitlichen Abgrenzung der entsprechenden Erträge zum Jahresende eine Rolle.

Auf die Problematik dieser zeitlichen Abgrenzung wird unter Abschnitt 2.2.3.2 eingegangen.

2.2.2.2 Lagerbestände und Lagerbestandsveränderungen

Lagerzugänge werden auf den im krankenhausindividuellen Kontenplan vorgesehenen Bestandskonten erfaßt.

Buchung:
Vorräte an Verbindlichkeiten aus Lieferungen und Leistungen.[38]

Sind die Materialien zum kurzfristigen Verbrauch bestimmt – sie lagern dann in der Regel in der Verbrauchsstelle selbst –, so können sofort die entsprechenden Aufwandskonten der Kontengruppe 65 bis 69 belastet werden. Die Voraussetzung hierfür ist gegeben, wenn der jeweilige Lagerbestand nicht wesentlich höher als der Verbrauch in einer Woche ist.[39]

---

37 Vgl. Abschnitt 3.2.10
38 Bei Zielkauf. Wird Ware an den Lieferanten zurückgeschickt, so lautet die Buchung:
Verbindlichkeiten aus Lieferungen und Leistungen an Vorräte
39 Von dieser Annahme wird überwiegend bei den Arzneimittelvorräten auf den Stationen oder sonstigen Leistungsbereichen im Krankenhaus ausgegangen.

In diesem Fall lautet die Buchung:
Aufwand an Verbindlichkeiten.

Die Erfassung der Verbrauchsgütermengen beim **Lagerabgang** kann nach drei Methoden erfolgen.[40]
a) *Inventurmethode (Befundrechnung),*
b) *Skontrationsmethode (Fortschreibungsmethode),*
c) *Rückrechnung (retrograde Methode).*

Zu a): *Inventurmethode*
Bei der Inventurmethode ergibt sich der Lagerabgang (Güterverbrauch) am Ende einer Periode aus folgender Beziehung:

Verbrauch = Anfangsbestand + Zugang ./. Endbestand.

Der Endbestand wird durch Inventur ermittelt.
Die Inventurmethode hat folgende Nachteile:
Die gesetzlich durchzuführende Jahresinventur reicht für die in der Regel monatlich zu erstellende Kostenartenrechnung nicht aus. Eine monatliche Inventur wäre aber für die meisten Verbrauchsgüter sehr aufwendig und wenig zweckmäßig. Außerdem ist für Verbrauchsgüter, die in mehreren Kostenstellen verbraucht werden, nicht feststellbar, für welche Kostenstellen der Lagerabgang erfolgte. Der dritte Nachteil besteht darin, daß Bestandsminderungen durch Schwund, Verderb und Diebstahl nicht separat erfaßt werden können, so daß der ermittelte Lagerabgang ausschließlich der Leistungserstellung zugerechnet wird.

Zu b): *Skontrationsmethode (Fortschreibungsmethode)*
Bei der Skontrationsmethode erfolgt die Erfassung des Güterverbrauchs in der Lagerbuchhaltung mit Hilfe von Entnahme- und Zugangsscheinen. Der Soll-Lagerbestand an Verbrauchsgütern ist dabei aus folgender Relation jederzeit feststellbar:

Endbestand = Anfangsbestand + Zugang ./. Verbrauch.

Der Verbrauch entspricht den Entnahmemengen laut Entnahmescheinen.
Die bei der Inventurmethode aufgezeigten Mängel werden bei der Skontrationsmethode vermieden. Der Verbrauch ist – wie bereits erwähnt – aus den Entnahmescheinen direkt zu ersehen, ebenso die Angaben über die empfangenden Kostenstellen und ggf. Kostenträger. Der nicht leistungsbedingte

---

40 Vgl. hierzu u.a. Saul H.-J.: Materialkosten, in: Chmielewicz, K., Schweitzer M. u.a. (Herausgeber): Handwörterbuch des Rechnungswesens, 3. Auflage, Stuttgart 1993, Sp. 1394 ff.

Güterverbrauch ist durch Vergleich des Buchbestandes mit dem durch Inventur festgestellten Ist-Bestand zu ermitteln.

Die Skontrationsmethode ist vergleichsweise aufwendig. Sie kommt bei den Verbrauchsgütern in Frage, die hochwertig sind und/oder einen hohen Anteil am Gesamtverbrauch ausmachen und deswegen einer spezifischen laufenden Verbrauchskontrolle bedürfen.

Im Krankenhaus übliche DV-gestützte Materialrechnungen, insbesondere in der Krankenhausapotheke, arbeiten nach der Skontrationsmethode.

Zu c): *Rückrechnung*
Bei der Rückrechnung wird der Güterverbrauch retrograd, d. h. von der erbrachten Leistung bzw. vom Patienten her, festgestellt. Das setzt voraus, daß die Verbrauchsgüter für jede Leistung bzw. für jeden Patienten sowohl mengen- als auch wertmäßig erfaßt werden bzw. bekannt sind.

Die beschriebenen Methoden unterscheiden sich unter anderem in ihrer Wirtschaftlichkeit, Einfachheit und Genauigkeit der Erfassung. Es kann daher nicht eine Methode für alle Verbrauchsgüterarten empfohlen werden, sondern nur eine sinnvolle Kombination.

Eine DV-gestützte Materialrechnung wird – wie bereits erwähnt – generell von der Krankenhausapotheke für die Arzneimittel und sonstige von der Apotheke beschaffte und verteilte Verbrauchsgüter praktiziert. Sie gewinnt auch zunehmend Bedeutung für die Zentralläger von Krankenhäusern, die sonstige Vorräte und Artikel des medizinischen Bedarfs, soweit diese nicht von der Apotheke beschafft werden, verwalten.

Werden bestimmte Verbrauchsgüter generell am Verbrauchsort (Kostenstelle) gelagert (z. B. Laborbedarf, Röntgenbedarf, OP-Bedarf), so bieten sich die Festwertrechnung[41] oder die Inventurmethode an. Der Rückrechnung (retrograde Methode) kommt im Krankenhaus nur eine untergeordnete Bedeutung zu.[42]

Die Vorräte als Vermögensgegenstände des Umlaufvermögens sind laut § 253 HGB mit den Anschaffungs- oder Herstellungskosten zu bewerten, sofern am Abschlußstichtag nicht ein niedrigerer Börsen- oder Marktpreis festzustellen ist. Für den Fall sind Abschreibungen auf den niedrigeren Wert vorzunehmen.[43]

Für die Inventur des Vorratsvermögens sieht § 240 HGB die Möglichkeit einer Bewertung mit Festwerten und die Gruppenbewertung vor.

---

41 Vgl. Fußnote Seite 46

42 Der Verbrauch an Endoprothesen und anderen Implantaten läßt sich anhand der mit Fallpauschalen und/oder Sonderentgelten abgerechneten Leistungen mit dieser Methode ermitteln.

43 Die Notwendigkeit hierfür ist in Krankenhäusern nur in Ausnahmefällen gegeben.

Bei der **Gruppenbewertung** werden gleichartige Vermögensgegenstände des Vorratsvermögens zu einer Gruppe zusammengefaßt und mit einem gewogenen Durchschnittswert angesetzt.

Bei der Bewertung von Lagerbewegungen und Lagerbeständen ergibt sich insofern ein technisches Problem, als die Lagerzugänge in der Regel zu unterschiedlichen Anschaffungskosten erfolgen. In diesem Zusammenhang sieht § 256 HGB **Bewertungsvereinfachungsverfahren** vor. Danach kann für den Wertansatz gleichartiger Vermögensgegenstände des Vorratsvermögens unterstellt werden, daß die zuerst oder daß die zuletzt angeschafften Vermögensgegenstände zuerst oder in einer sonstigen bestimmten Folge verbraucht worden sind. Damit ergeben sich insgesamt folgende Bewertungsvereinfachungsverfahren:

(1) Lifo-Verfahren,
(2) Fifo-Verfahren,
(3) Durchschnittsbewertung,
(4) Festwert.

Zu (1): *Lifo-Verfahren*
„Lifo" ist die Abkürzung für „last in first out". Es wird also unterstellt, daß die zuletzt eingekauften Artikel als erste verbraucht werden.

Zu (2): *Fifo-Verfahren*
„Fifo" ist die Abkürzung für „first in first out", d. h. es wird davon ausgegangen, daß die zuerst eingekauften Artikel auch als erste verbraucht werden. Für die Bewertung des Inventurbestandes bedeutet das, daß dieser mit den Anschaffungskosten der zuletzt beschafften Artikel bewertet wird.

Zu (3): *Bewertung mit gleitenden Durchschnittswerten*
Die Bewertung nach Durchschnittswerten ist die in der Materialrechnung übliche Methode. Lagerzugänge werden dabei mit den jeweiligen Anschaffungskosten und Lagerabgänge mit dem gleitenden Durchschnittspreis bewertet. Der gleitende Durchschnittspreis ist mathematisch gesehen ein gewogener Durchschnittswert, d. h. der jeweilige Preis wird mit der eingekauften Menge gewichtet.

Die drei Bewertungsverfahren werden im folgenden anhand eines einfachen **Beispiels** erläutert.

Bilanzposten

	Menge	Wert/Einheit	Gesamtwert
Anfangsbestand	100	20,–	2.000,–
Zugang 1	80	22,–	1.760,–
Zugang 2	80	24,–	1.920,–
Zugang 3	140	21,–	2.940,–
	400		8.620,–
./. Endbestand	150		
= Verbrauch	250		

a) **Lifo-Methode**

	Menge	DM/Einheit	DM
Verbrauch:	140	21,–	2.940,–
	80	24,–	1.920,–
	30	22,–	660,–
			5.520,–
Bestand:	100	20,–	2.000,–
	50	22,–	1.100,–
	150		3.100,–

b) **Fifo-Methode**

	Menge	DM/Einheit	DM
Verbrauch:	100	20,–	2.000,–
	80	22,–	1.760,–
	70	24,–	1.680,–
			5.440,–
Bestand:	140	21,–	2.940,–
	10	24,–	240,–
	150		3.180,–

c) Gleitender Durchschnittswert

Durchschnittliche Anschaffungskosten:

$$\frac{8.620,-\text{DM}}{400\ \text{Stück}} = 21,55\ \text{DM/Stück}$$

Verbrauch: $= 250 \times 21,55\ \text{DM} = \underline{5.387,50\ \text{DM}}$

Bestand: $= 150 \times 21,55\ \text{DM} = \underline{3.232,50\ \text{DM}}$

In jedem Fall ergeben die Bewertung des Endbestandes und des Verbrauches den Gesamtwert in Höhe von 8.620,– DM.

Zu (4): *Festwert*
Nach § 240 Abs. 3 HGB können Vermögensgegenstände des Sachanlagevermögens sowie Roh-, Hilfs- und Betriebsstoffe, wenn sie regelmäßig ersetzt werden und ihr Gesamtwert für das Unternehmen von nachrangiger Bedeutung ist, mit einer gleichbleibenden Menge und einem gleichbleibenden Wert angesetzt werden, sofern ihr Bestand in seiner Größe, seinem Wert und seiner Zusammensetzung nur geringen Veränderungen unterliegt. In diesen Fällen ist jedoch in der Regel alle drei Jahre eine körperliche Bestandsaufnahme durchzuführen.
Liegen die Voraussetzungen für das Bilden von Festwerten vor, so können die entsprechenden wiederbeschafften Anlagegüter als Verbrauch erfaßt werden.

2.2.3 Forderungen und sonstige Vermögensgegenstände

2.2.3.1 Gliederung und Bilanzierungsgrundsätze

Die KHBV sieht für die Bilanz folgende Gliederung[44] vor:
- Forderungen aus Lieferungen und Leistungen (KGr 12),
- Forderungen an Gesellschafter bzw. den Krankenhausträger (KUGr 160),
- Forderungen nach dem Krankenhausfinanzierungsrecht (KGr 15),
- andere sonstige Vermögensgegenstände (KUGr 163).

---

44 Soweit die Konten alle Krankenhäuser und nicht nur Kapitalgesellschaften betreffen

63

Forderungen sind nach dem **Bruttoprinzip** einzeln zu bewerten. Saldierungen mit Verbindlichkeiten sowie das Zusammenfassen ungleichartiger Forderungen sind unzulässig.

Entsprechend dem **Vorsichtsprinzip** sind Forderungen mit ihrem tatsächlichen Wert anzusetzen.

Die Unsicherheit einzelner Forderungen ist durch eine entsprechende Einzelwertberichtigung zu berücksichtigen. Das allgemeine Risiko von Forderungsverlusten kann in Form einer Pauschalwertberichtigung berücksichtigt werden.

Uneinbringliche Forderungen sind abzuschreiben.

Die Angleichung der Nennwerte der Forderungen an ihren tatsächlichen bzw. für realistisch erachteten Wert kann buchmäßig in Form der direkten Abschreibung oder in Form der indirekten Abschreibung[45] erfolgen.

Bei der **direkten Abschreibung** wird wie folgt gebucht:

> 763 Abschreibungen auf Forderungen
> *an* 12 Forderungen aus Lieferungen und Leistungen

Auf diese Art und Weise wird die Höhe der Forderungen erfolgswirksam nach unten angepaßt.

Die direkte Abschreibung hat zur Folge, daß die Summe der Salden der Personenkonten (Debitorenrechnung) nicht mehr mit dem Saldo des Sachkontos Forderungen aus Lieferungen und Leistungen übereinstimmt. Die direkte Abschreibung ist deswegen dann angebracht, wenn die Forderungen im Wege der Einzelwertberichtigung bewertet werden.

Bei der **indirekten Abschreibung** erfolgt die Anpassung der Nennwerte nicht durch eine Korrektur auf dem Sachkonto Forderungen aus Lieferungen und Leistungen, sondern durch das Bilden eines Wertberichtigungspostens. In der Bilanz erscheinen auf der Aktivseite die ungekürzten Nennbeträge der Forderungen, die erwartete Wertminderung wird auf der Passivseite der Bilanz als Wertberichtigung (Delkredere) gezeigt. Dieser Posten ist ein Korrekturposten zu den aktivierten Forderungen aus Lieferungen und Leistungen. Die Buchung zur Bildung einer Wertberichtigung lautet:

> 763 Abschreibungen aus Forderungen
> *an* 375 Wertberichtigungen auf Forderungen

Die Gliederungsvorschriften für die Krankenhausbilanz laut KHBV sehen auf der Passivseite keinen Posten für die Wertberichtigung von Forderungen vor. Das bedeutet, daß eine Pauschalwertberichtigung im Wege der indirekten Abschreibung bei der Bilanzierung ebenfalls zu einem Ausweis der Forderungen aus Lieferungen und Leistungen führt, der unter dem Nennwert

---

45 Zur Abschreibung auf Forderungen vgl. auch Abschnitt 3.2.13

liegt; für den Ausweis in der Bilanz des Krankenhauses ist also die Art der Abschreibung unerheblich.

Werden ganz oder teilweise abgeschriebene Forderungen zu einem späteren Zeitpunkt doch wieder einbringlich, so kann laut § 253 Abs. 5 HGB der niedrigere Bilanzansatz beibehalten werden; die entsprechenden Zahlungseingänge stellen – soweit sie den Bilanzansatz übersteigen – periodenfremde Erträge dar. Die entsprechende Buchung lautet:

13 Bank
an 591 periodenfremde Erträge

Der Kontenrahmen differenziert die Forderungen nach dem Krankenhausfinanzierungsrecht weiter in:

- Forderungen nach dem KHG und
- Forderungen nach der Bundespflegesatzverordnung.

2.2.3.2 Forderungen aus Lieferungen und Leistungen

Im **Kontenplan** ist für die **Forderungen aus Lieferungen und Leistungen** eine weitere Untergliederung erforderlich, und zwar entsprechend den betrieblichen Erträgen, die in der Kontenklasse 4[46] ausgewiesen werden:

Kontenklasse 4.0 Erlöse aus Krankenhausleistungen
Die Erlöse aus Krankenhausleistungen werden differenziert nach den verschiedenen Entgeltformen (Basispflegesatz, Abteilungspflegesätze, Sonderentgelte, Fallpauschalen, Erlöse aus vor- und nachstationärer Behandlung).[47]

Kontenklasse 4.1 Erlöse aus Wahlleistungen
Hierzu gehören die Wahlleistung Unterkunft, wahlärztliche Leistungen, soweit sie vom Krankenhaus liquidiert werden, und sonstige Wahlleistungen (z. B. Telefon, Fernsehen, Unterbringung einer Begleitperson).[48]

Kontenklasse 4.2 Erlöse aus ambulanten Leistungen des Krankenhauses
Hierunter fallen Erlöse aus der Notfallbehandlung, Erlöse aus ambulanten Operationen nach § 115 b SGB V und Erlöse aus Leistungen der Physikalischen Therapie (Bäderabteilung und Krankengymnastik).[49]

---

46 Vgl. Kontenrahmen (Anhang 1)
47 Vgl. Abschnitt 3.2.1
48 Vgl. Abschnitt 3.2.2
49 Vgl. Abschnitt 3.2.3

**Kontenklasse 4.3 Nutzungsentgelte (Kostenerstattung und Vorteils-
ausgleich) und sonstige Abgaben der Ärzte**

Ärzte des Krankenhauses leisten Nutzungsentgelte für wahlärztliche Leistungen, die sie selbst abrechnen, für ambulante Leistungen, die sie im Rahmen einer genehmigten Nebentätigkeit erbringen und für die sie personelle
und sonstige Kapazitäten des Krankenhauses in Anspruch nehmen sowie für
Gutachten. Das Krankenhaus erhält ferner Nutzungsentgelte von Belegärz-
ten, soweit diese zur Erbringung belegärztlicher Leistungen Personal des
Krankenhauses in Anspruch nehmen.

**Kontenklasse 4.5 Erträge aus Hilfs- und Nebenbetrieben,
Notarztdienst**

Hilfsbetriebe des Krankenhauses sind z. B. die Wäscherei, die Zentralapotheke und die Küche, soweit sie Dritte mitversorgen.

Nebenbetriebe sind z. B. Altenheime und Einrichtungen der Kurzzeitpflege.
Leistungen der Hilfs- und Nebenbetriebe sind zwar Leistungen des Krankenhauses, aber nicht Krankenhausleistungen im Sinne des Krankenhausfinanzierungsrechts.

Unabhängig von dieser Unterscheidung ist bei der Bilanzierung der Forderungen wegen des Grundsatzes der Einzelbewertung eine entsprechende
Differenzierung vorzusehen.

Die Art der Erbringung und Abrechnung von **Krankenhausleistungen**
führt zum Bilanzstichtag zu einer spezifischen Abgrenzungsproblematik bei
den Erträgen und damit bei den Forderungen aus Lieferungen und Leistungen.

Grundsätzlich besteht die Möglichkeit, zum Bilanzstichtag patientenbezogen Zwischenrechnungen zu erstellen, die die Vergütung bestimmter Krankenhausleistungen durch Fallpauschalen zeigen und die patientenbezogen
alle mit einer bestimmten Erkrankung bzw. Therapie verbundenen Kosten
abdecken. Der zeitliche Aufwand und damit auch die Kosten führen jedoch
dazu, daß von dieser Möglichkeit heute generell kein Gebrauch gemacht
wird. Die Abgrenzung erfolgt „intern" für alle stationären Patienten, deren
Verweildauer Tage vor und Tage nach dem Bilanzstichtag umfaßt (sogenannte Überlieger). Die Art der Abgrenzung hängt dabei von der Art der
Leistungsvergütung ab.

Soweit Krankenhausleistungen tagesbezogen vergütet werden (**Basispflegesatz und Abteilungspflegesätze**), erfolgt die Abgrenzung tagesbezogen
über die anteilige Verweildauer, d. h. die Forderung ergibt sich anhand der
Pflegetage vor dem Bilanzstichtag, die mit dem jeweiligen Pflegesatz bewertet werden. Da die Leistung „tagesbezogen" erbracht wird, kann das Ergebnis der Abgrenzung entsprechend dem Realisationsprinzips als Ertrag gebucht werden.

Für **Sonderentgelte**, mit denen im wesentlichen operative Leistungen abgegolten werden, ist der Zeitpunkt der Leistungserbringung, der sich in der Regel problemlos feststellen läßt, maßgebend. Bei der überwiegenden Zahl der Überlieger, bei denen ein Sonderentgelt abgerechnet werden kann, wird dieses dem abgelaufenen bzw. ablaufenden Geschäftsjahr zuzuordnen sein. Die Zahl der Patienten, bei denen eine sonderentgeltfähige Leistung erbracht wird und die im alten Jahr aufgenommen, jedoch erst im neuen Jahr operiert werden, wird vergleichsweise gering sein. Das Buchen erfolgt nach dem gleichen Prinzip wie bei den über tagesbezogene Pflegesätze vergüteten Leistungen.

Erträge aus **Fallpauschalen** müssen entsprechend den Leistungsanteilen auf das laufende und das neue Geschäftsjahr verteilt werden.

Bei der überwiegenden Zahl der Fallpauschalen existiert ein, was den operativen Eingriff angeht, inhaltsgleiches Sonderentgelt. In diesen Fällen wird die operative Leistung entsprechend der Höhe des Sonderentgeltes bewertet und nach dem Zeitpunkt der Leistungserbringung zeitlich zugeordnet.

Die Differenz zwischen der Höhe der Fallpauschale und der Höhe des entsprechenden Sonderentgelts wird verweildauerabhängig verteilt, wie das oben für die tagesbezogenen Entgelte (Basispflegesatz und Abteilungspflegesätze) beschrieben wurde.

Gibt es für eine Fallpauschale kein entsprechendes Sonderentgelt, so kann man für die voraussichtliche Verweildauer ein „theoretisches Leistungsentgelt" ermitteln, wie es sich für die Patienten ergibt, für die ein Sonderentgelt berechnungsfähig ist.[50] Zieht man von der Fallpauschale die Summe dieser fiktiven tagesbezogenen Entgelte ab, so erhält man als Differenz den Wert für den operativen Eingriff.

Im Gegensatz zu den über tagesgleiche Pflegesätze und/oder Sonderentgelte vergüteten Leistungen stellt das Ergebnis der zeitlichen Abgrenzung keine Erlöse aus Krankenhausleistungen dar, sondern Bestandsveränderungen an unfertigen Leistungen.

Die beschriebenen Arten der Abgrenzung seien anhand des folgenden Beispiels verdeutlicht.

---

50 80 % des Abteilungspflegesatzes

Patienten	Verweildauer		Entgeltformen
	Tage vor dem Bilanzstichtag	Tage nach dem Bilanzstichtag	
1. Patient	5	4	Basispflegesatz: 150 DM Abteilungspflegesatz: 400 DM
2. Patient	10	28	Basispflegesatz: 150 DM Abteilungspflegesatz: 320 DM[51]
3. Patient	16	9	Sonderentgelt 17.08[52]: 7.170 DM Fallpauschale 17.07[52]: 22.070 DM
4. Patient	4	3	Fallpauschale 7.01[53] 2.550 DM

Erster Patient

altes Jahr:	DM	neues Jahr:	DM
5 x 150,– DM =	750	4 x 150,– DM =	600
5 x 400,– DM =	2.000	4 x 400,– DM =	1.600
	2.750		2.200

Zweiter Patient

altes Jahr:	DM	neues Jahr:	DM
10 x 150,– DM =	1.500	28 x 150,– DM =	4.200
10 x 320,– DM =	3.200	28 x 320,– DM =	8.960
1 x 7.170,– DM =	7.170		
	11.870		13.160

Dritter Patient

	DM
Fallpauschale	22.070
./. Sonderentgelt	7.170
	14.900

14.900 DM : 25 Tage = 596 DM/Tag

altes Jahr:	DM	neues Jahr:	DM
1 x 7.170,– DM =	7.170	9 x 596,– DM =	5.364
16 x 596,– DM =	9.536		
	16.706		

---

51 Wie der erste Patient, aber 20 % Abschlag laut § 14 BPflV, da die operative Leistung gesondert vergütet wird.
52 Wechsel einer Hüftgelenks-Totalendoprothese
53 Tonsillektomie

Vierter Patient

	DM
Fallpauschale	2.550
./. 7 Tage x 280 DM/Tag[54]	1.960
operativer Eingriff	590

altes Jahr:	DM	neues Jahr:	DM
1 x 590,– DM =	590	3 x 280,– DM =	840
4 x 280,– DM =	1.120		
	1.710		

Ausgehend vom obigen vereinfachten Beispiel ist zum 31.12. wie folgt zu buchen:

(1) **Patienten 1 und 2**
    12 Forderungen aus Lieferungen und Leistungen
       an 40 Erlöse aus Krankenhausleistungen   14.620 DM

(2) **Patienten 3 und 4**
    106 unfertige Leistungen
       an 551 Bestandsveränderungen der
              unfertigen Leistungen   18.416 DM

Die Buchung bei Rechnungsstellung gegenüber den Krankenkassen im neuen Jahr lautet:

12 Forderungen aus Lieferungen und Leistungen   29.980 DM
   an 40 Erlöse aus Krankenhausleistungen   15.360 DM
   an 12 Forderungen aus Lieferungen
          und Leistungen   14.620 DM

12 Forderungen aus Lieferungen und Leistungen
   an 40 Erlöse aus Krankenhausleistungen   24.620 DM

Die „Anpassung" der unfertigen Leistungen erfolgt in der Regel am Ende des neuen Jahres (Bestands**veränderungen** der unfertigen Leistungen). Alternativ ist es auch möglich, den Aktivposten „unfertige Leistungen" im neuen Jahr erfolgswirksam aufzulösen mit der Buchung:

551 Bestandsveränderungen der unfertigen Leistungen
    an 106 unfertige Leistungen   18.416 DM

In diesem Fall wird am Ende des Jahres der Aktivposten „unfertige Leistungen" völlig neu gebildet.

---

54 80 % des Abteilungspflegesatzes der HNO-Abteilung: 350 DM x 0,80 = 280,– DM

2.2.3.3 Forderungen an Gesellschafter bzw. den Krankenhausträger

Forderungen an den Krankenhausträger können z. B. Forderungen aus laufender Rechnung bei verbundener Sonderkasse[55] sein. Forderungen gegenüber dem Krankenhausträger können auch die Abdeckung von Betriebsverlusten betreffen.

2.2.3.4 Forderungen nach dem Krankenhausfinanzierungsrecht

Der Kontenrahmen differenziert diese Forderungen in
● Forderungen nach dem KHG (KUGr 150) und
● Forderungen nach der Bundespflegesatzverordnung (KUGr 151).

a) Forderungen nach dem KHG
Krankenhäuser haben im Rahmen der dualen Finanzierung Anspruch auf Fördermittel zur Deckung ihrer investiven Kosten. Die Information über Art und Höhe der Fördermittel erhalten sie in Form eines Bewilligungsbescheides, der eine Forderung gegenüber der für die Förderung zuständigen Behörde begründet.
Beim Eingehen des Bewilligungsbescheides wird wie folgt gebucht:

    150 Forderungen nach dem KHG
       an 460 Fördermittel, die zu passivieren sind (GuV-Posten 11)

Beim Eingang der Fördermittel lautet die Buchung:

    13 Bank
       an 150 Forderungen nach dem KHG

Fördermittel, die zweckgebunden für investive Zwecke zur Verfügung stehen, sollen das wirtschaftliche Ergebnis des Krankenhauses nicht beeinflussen. Daher wird das erfolgswirksame Einstellen der Forderung dadurch neutralisiert, daß aufwandswirksam ein entsprechender Passivposten (Verbindlichkeiten nach dem KHG) gebildet wird. Die entsprechende Buchung lautet:

    752 Zuführungen der Fördermittel nach dem KHG zu Sonderposten
       oder Verbindlichkeiten (GuV-Posten 15)
       an 350 Verbindlichkeiten nach dem KHG

---

55 Bei verbundener Sonderkasse wickeln kommunale Krankenhäuser ihren Zahlungsverkehr über die „Hauptkasse" der Kommune ab, verfügen also über keine eigenen Bankkonten. Das ist heute unüblich.

Die Verbindlichkeiten nach den KHG entsprechen den Fördermitteln, die dem Krankenhaus zwar zugeflossen sind, aber noch nicht zweckentsprechend verwendet wurden.

Beim Erwerb von Anlagegegenständen ist zunächst der Anlagenzugang zu buchen:

> 07 Einrichtungen und Ausstattungen
> *an* 13 Bank

Die zweckentsprechende Verwendung der Fördermittel löst darüber hinaus folgende zusätzliche Buchung aus:

> 350 Verbindlichkeiten nach den KHG
> *an* 22 Sonderposten aus Fördermitteln nach dem KHG

Damit werden auf der Passivseite der Bilanz nicht verwendete und verwendete Fördermittel in getrennten Bilanzposten gezeigt[56].

Die Abschreibungen auf das Anlagevermögen führen entsprechend der „zweifachen" Buchung bei der Investition ebenfalls zu zwei Buchungen:

> 761 Abschreibungen auf Sachanlagen (GuV-Posten 20)
> *an* 07 Einrichtungen und Ausstattungen

Mit dieser Buchung wird die Wertminderung des Anlagevermögens bzw. die Verteilung der Anschaffungskosten auf die Nutzungsdauer berücksichtigt. Die zweite Buchung lautet:

> 22 Sonderposten aus Fördermitteln nach dem KHG
> *an* 490 Erträge aus der Auflösung von Sonderposten aus
> Fördermitteln nach dem KHG (GuV-Posten 13)

Diese Buchung führt dazu, daß die Aufwendungen für Abschreibungen durch eine erfolgswirksame Auflösung des Sonderpostens aus Fördermitteln nach dem KHG neutralisiert werden.

Insgesamt wird durch die Buchung der Fördermittel in Verbindung mit den getätigten Investitionen erreicht, daß das Jahresergebnis hiervon nicht berührt wird. Auswirkungen auf das Jahresergebnis haben nur solche Investitionen, die mit Eigenmitteln finanziert werden.[57]

b) Forderungen nach der Bundespflegesatzverordnung

Die Deckung der laufenden Kosten der Krankenhäuser (Personal- und Sachkosten) durch Budget und Pflegesätze erfolgt grundsätzlich prospektiv auf

---

56 Vgl. hierzu auch Abschnitt 2.3.2
57 Soweit aus dem Jahresergebnis zweckgebundene Rücklagen für Investitionen gebildet werden, erfolgt auch hier eine Neutralisierung der Aufwendungen aus Abschreibungen durch erfolgswirksame Auflösung der Rücklagen.

der Grundlage geplanter Leistungen und – daraus abgeleitet – geplanter Vergütungen (Erlöse).
Abweichungen zwischen geplanten und tatsächlichen Leistungen sowie Abweichungen der Planungsgrundlagen im Kosten- und/oder Vergütungsbereich begründen spezifische Forderungen (bzw. Verbindlichkeiten) des Krankenhauses gegenüber den Krankenkassen (Kostenträgern).
Die Handhabung hinsichtlich der Mehr- oder Minedererlöse aufgrund einer abweichenden Belegung regelt § 12 Bundespflegesatzverordnung (flexibles Budget). An dieser Stelle finden sich auch die Regelungen hinsichtlich der Abweichungen zwischen Plan- und Ist-Werten bei der Erhöhung der Vergütungstarifverträge.[58]
Der Buchungssatz lautet grundsätzlich:

> 151   Forderungen nach der Bundespflegesatzverordnung
> *an*   404   Ausgleichsbeträge nach der Bundespflegesatz-
> verordnung[59] (GuV Posten 1)

Eine Forderung ergibt sich für das Krankenhaus zum Bilanzstichtag nur für den Fall, daß die ihm zugeflossenen Erlöse niedriger waren als das vereinbarte Budget. Im umgekehrten Fall ergibt sich eine Verbindlichkeit, die entsprechend zu passivieren ist.[60]

2.2.3.5 Sonstige Vermögensgegenstände

Unter dem Bilanzposten sonstige Vermögensgegenstände werden verschiedene Forderungen ausgewiesen, z. B. aus gewährten Darlehen (Darlehen gegenüber Mitarbeitern oder Dritten), aus Lohn- und Gehaltsvorschüssen sowie aus Schadensersatzansprüchen.

2.2.4 Wertpapiere des Umlaufvermögens

Zu den Wertpapieren des Umlaufvermögens zählen z. B. festverzinsliche Wertpapiere als kurzfristige Anlageform für Liquiditätsreserven.
Die Bewertung erfolgt zu Anschaffungskosten bzw. zum niedrigeren Kurswert (Niederstwertprinzip). Eine spätere Erhöhung der Kurswerte bleibt unberücksichtigt.

---

58 Die Bundespflegesatzverordnung 1995 ist bisher nicht in allen Punkten in Kraft getreten. Durch das Stabilisierungsgesetz wurden wesentliche Teile außer Kraft gesetzt. Ähnliches wird erwartet vom 2. NOG (Neuordnungsgesetz), das in 1997 in Kraft treten und rückwirkend ab 01.01.1997 gelten soll. Die abweichenden Regelungen ändern jedoch nichts an der grundsätzlichen Art des Buchens und Bilanzierens.
59 Ggf. 58 Erträge aus Ausgleichsbeträgen für frühere Geschäftsjahre
60 Vgl. Abschnitt 2.3.4

2.2.5 Schecks, Kassenbestand, Bundesbank- und Postgiroguthaben, Guthaben bei Kreditinstituten

Für die unterschiedlichen Formen des Barvermögens sieht das Gliederungsschema für die Bilanz nur einen Posten vor. Im **Kontenplan** wird üblicherweise differenziert in:

- Schecks,
- Kassenbestand,
- Bundesbank- und Postgiroguthaben,
- Guthaben bei Kreditinstituten.

Daneben wird ein Kassenverrechnungskonto geführt, das bei Zwischenabschlüssen oder beim Jahresabschluß zur Erfassung von zeitlichen Buchungsunterschieden und ähnlichen Verrechnungen genutzt wird.

Der Kassenbestand wird durch ein Kassenaufnahmeprotokoll nachgewiesen, die Bankguthaben durch entsprechende Bankauszüge zum Bilanzierungsstichtag und gegebenenfalls. zusätzlich zu berücksichtigende Beträge auf dem Kassenverrechnungskonto.

Heute verfügen kommunale Krankenhäuser über eigene Bankkonten. Früher war das teilweise nicht der Fall. Der gesamte Geldverkehr wurde über Finanzkonten des Krankenhausträgers abgewickelt. Der Zahlungsverkehr des Krankenhauses erfolgte im Rahmen einer „verbundenen Sonderkasse".

2.2.6 Ausgleichsposten nach dem KHG

Die Gliederung der Bilanz sieht folgende Differenzierung vor:
(1) Ausgleichsposten aus Darlehnsförderung (KUGr 180),
(2) Ausgleichsposten für Eigenmittelförderung (KUGr 181).

Zu (1): *Ausgleichsposten aus Darlehnsförderung*[61]
Sind Fördermittel für Lasten aus Darlehen, die vor Aufnahme des Krankenhauses in den Krankenhausplan für förderungsfähige Investitionskosten des Krankenhauses aufgenommen worden sind, bewilligt worden, so ist laut § 5

---

61 Vgl. Bofinger, W.: Verordnung über die Rechnungs- und Buchführungspflichten von Krankenhäusern (Krankenhaus-Buchführungsverordnung-KHBV), Kommentar, in: Dietz, O., Bofinger, W.: Krankenhausfinanzierungsgesetz, Bundespflegesatzverordnung und Folgerecht, Wiesbaden, Stand 21. Nachlieferung November 1996, Abschnitt B, Musterkontenplan mit Erläuterungen, Abschnitt 0.3, Ausgleichsposten aus Darlehnsförderungen (Bildung und Auflösung)

Abs. 4 KHBV in der Bilanz auf der Aktivseite ein „Ausgleichsposten aus Darlehnsförderung" zu bilden. Die Höhe dieses Ausgleichspostens ergibt sich aus der Höhe des Teils der jährlichen Abschreibungen auf die mit diesen Mitteln finanzierten Vermögensgegenstände, der nicht durch den Tilgungsanteil der Fördermittel gedeckt ist.

Ist der Tilgungsanteil der Fördermittel aus der Darlehnsförderung höher als die jährlichen Abschreibungen, so ist in der Bilanz in Höhe des überschießenden Betrages auf der Passivseite ein „Ausgleichsposten aus Darlehnsförderung" zu bilden.

Für die Höhe und Bilanzierung des Ausgleichspostens ist also immer die Differenz zwischen Abschreibungen und Tilgungsanteil der Darlehnsförderung maßgeblich. Die Darlehnsförderung bezieht sich auf die Annuität mit ihrem Zins- und Tilgungsanteil.

Dieser Ausgleichsposten stellt auch als Aktivposten keinen Vermögenswert dar, sondern ist eine gesetzlich vorgesehene Bilanzierungshilfe, mit der vermieden werden soll, daß Abschreibungen auf die genannten Anlagegüter zu Verlusten führen. Um dieses Ziel zu erreichen, wird die Zuführung zum aktiven Ausgleichsposten aus Darlehnsförderung wie folgt gebucht:

180 Ausgleichsposten aus Darlehnsförderung
    an 480 Erträge aus der Einstellung von Ausgleichsposten aus
                 Darlehnsförderung (GuV-Posten 12)

Mit dem Ausgleichsposten aus Darlehnsförderung wird sichergestellt, daß der Grundsatz der erfolgsneutralen Buchung von Fördermitteln auch für die Darlehnsförderung gilt.

Dem jährlichen Aufwand des Krankenhauses für

● *Darlehenszinsen und*
● *Abschreibungen*

auf die mit Darlehen finanzierten Anlagegüter steht als jährlicher Ertrag der Förderbetrag für

● *Darlehenszinsen und*
● *Darlehenstilgung*

gegenüber.

Der Ausgleichsposten ist deswegen erforderlich, weil der jährliche Aufwand und der jährliche Ertrag in der Regel unterschiedlich hoch sind, und zwar deswegen, weil Tilgungsdauer und Abschreibungsdauer – und damit Darlehenstilgung und Abschreibung – in der Regel nicht übereinstimmen.

Ist die Nutzungsdauer der Anlagegüter kürzer als die Laufzeit des Darlehens – das dürfte eher die Ausnahme sein – so sind die Abschreibungen höher als der Tilgungsanteil der Darlehnsförderung. Da die Abschreibungen einen jährlichen Aufwand darstellen, der durch den Tilgungsanteil der Darlehnsförderung gedeckt werden soll, muß in diesem Fall erfolgswirksam ein aktiver Ausgleichsposten gebildet werden.

Nach dem Ende der Abschreibungsdauer steht den Erträgen aus dem Tilgungsanteil der Darlehnsförderung[62] kein entsprechender Abschreibungsaufwand gegenüber. Ein entsprechender Aufwand entsteht dann durch die ertragswirksame Auflösung des aktiven Ausgleichspostens. Die entsprechende Buchung lautet:

> 750 Auflösung des Ausgleichspostens aus Darlehnsförderung
> (GuV-Posten 19)
> *an* 180 Ausgleichsposten aus Darlehnsförderung

Ist die Nutzungsdauer der Anlagegüter länger als die Laufzeit des Darlehens – das dürfte der Regelfall sein –, so sind in den ersten Jahren die Tilgungsanteile der Darlehensförderung höher als die jährlichen Abschreibungen. Die Erfolgsneutralität wird in diesem Fall durch eine zusätzliche Aufwandsbuchung sichergestellt:

> 753 Zuführung zu Ausgleichsposten aus Darlehnsförderung
> (GuV-Posten 16)
> *an* 23 Ausgleichsposten aus Darlehnsförderung

Nach Ende der Tilgungsdauer wird der passive Ausgleichsposten aus Darlehnsförderung erfolgswirksam aufgelöst:

> 24 Ausgleichsposten aus Darlehnsförderung
> *an* 492 Erträge aus der Auflösung von Ausgleichsposten aus
> Darlehnsförderung (GuV-Posten 14)

Da heute Darlehnsförderungen eine Ausnahme darstellen, ist die Bedeutung dieser Bilanzposten und der damit verbundenen Buchungen rückläufig.

Zu (2): *Ausgleichsposten für Eigenmittelförderung*
Nach § 5 Abs. 5 KHBV ist in Höhe der Abschreibungen auf Anlagegüter, die aus Eigenmitteln des Krankenhausträgers vor Beginn der Förderung beschafft wurden und für die der Krankenhausträger nach § 9 Abs. 2 Nr. 4 KHG als Ausgleich für die Abnutzung einen Anspruch hat, ein Ausgleichsposten für Eigenmittelförderung zu bilden.
Der Ausgleichsposten ergibt sich durch die im Förderungszeitraum (ab 01.01. 1972) auf eigenfinanzierte Anlagegüter entfallenden Abschreibungen.

---

62 Die erfolgswirksame Buchung der Darlehnsförderung lautet:
135 Guthaben bei Kreditinstituten
an 4616 Erträge aus Fördermitteln für Darlehnsförderung (GuV-Posten 11)

Entscheidende Voraussetzung für das Bilden des Ausgleichspostens für Eigenmittelförderung ist, daß die Eigenfinanzierung vor Inkrafttreten des KHG erfolgt ist. Der Ausgleichsposten erhöht sich, solange noch entsprechende Abschreibungen verrechnet werden.

Die Voraussetzungen für die Bildung des Ausgleichspostens, nämlich die Eigenfinanzierung förderungsfähigen Anlagevermögens vor 1972, macht deutlich, daß auch dieser Bilanzposten an Bedeutung verliert. Er betrifft heute nur noch die Abschreibungen von mit Eigenmitteln finanzierten Krankenhausgebäuden, die vor 1972 errichtet wurden.

Die Buchung für das Bilden des Ausgleichspostens lautet:

> 181 Ausgleichsposten für Eigenmittelförderung
>
> *an* 481 Erträge aus der Einstellung von Ausgleichsposten für Eigenmittelförderung (GuV-Posten 12)

Die Höhe der Zuführung ergibt sich aus der Höhe der Abschreibung, die buchungstechnisch gesondert ausgewiesen wird:

> 7613 Abschreibungen auf geförderte Einrichtungen, die mit Eigenmitteln finanziert wurden (GuV-Posten 20)
>
> *an* 01 Grundstücke und grundstücksgleiche Rechte mit Betriebsbauten

2.2.7 Rechnungsabgrenzungsposten

2.2.7.1 Aufgabe der Rechnungsabgrenzungsposten

In Abschnitt 1.2 werden die Begriffspaare Ausgaben/Einnahmen und Aufwendungen/Erträge definiert und voneinander abgegrenzt.

Am Jahresende müssen Ausgaben und Einnahmen mit Blick auf eine periodengerechte Erfolgsermittlung daraufhin untersucht werden, ob sie Aufwendungen und Erträge betreffen, die wirtschaftlich dem abgelaufenen Geschäftsjahr zuzuordnen sind.

Aufwendungen und Erträge, die nicht das abgelaufene Geschäftsjahr betreffen, jedoch im abgelaufenen Geschäftsjahr zu Ausgaben bzw. Einnahmen geführt haben, sind abzugrenzen.

Die Posten der Rechnungsabgrenzung sind folglich Bilanzposten, die der periodengerechten Erfolgsermittlung dienen.

Rechnungsabgrenzungsposten sind dann zu bilden, wenn folgende Voraussetzungen vorliegen:

- Ausgabe oder Einnahme vor dem Abschlußstichtag,
- Erfolgswirksamkeit nach dem Abschlußstichtag,

- der Aufwand bzw. Ertrag betrifft eine bestimmte Zeit nach dem Abschlußstichtag.

Können Ausgaben oder Einnahmen keinem bestimmten Zeitabschnitt zugerechnet werden, so ist die Bilanzierung eines Rechnungsabgrenzungspostens ausgeschlossen.

Für eine Rechnungsabgrenzung kommen insbesondere die Erfolgskonten für Mieten, Pachten, Versicherungsbeiträge, Gebühren, Personalkosten und Zinsen in Betracht. Diese müssen daher am Jahresende daraufhin überprüft werden, ob ihre Verursachung oder Wirkung in vollem Umfang das abgelaufene Geschäftsjahr betreffen.

2.2.7.2 Arten der Rechnungsabgrenzungsposten

Laut § 250 HGB sind als Rechnungsabgrenzungsposten auf der Aktivseite Ausgaben vor dem Abschlußstichtag auszuweisen, soweit sie Aufwand für eine bestimmte Zeit nach diesem Tag darstellen (**aktive Rechnungsabgrenzung**).

Auf der Passivseite sind als Rechnungsabgrenzungsposten Einnahmen vor dem Abschlußstichtag auszuweisen, soweit sie Ertrag für eine bestimmte Zeit nach diesem Tag darstellen (**passive Rechnungsabgrenzung**).

In beiden Fällen handelt es sich um sogenannte **transitorische Geschäftsvorfälle**, d. h. die Erfolgswirksamkeit reicht in das folgende Geschäftsjahr transitorische Rechnungsabgrenzung. Weiterhin gibt es Geschäftsvorfälle, die den Erfolg des laufenden Geschäftsjahres betreffen (Ertrag bzw. Aufwand „jetzt"), die jedoch erst im folgenden Geschäftsjahr zu Zahlungen führen (Einnahme bzw. Ausgabe „später"). Sie werden als antizipative Rechnungsabgrenzung bezeichnet.

Antizipative Geschäftsvorfälle (z. B. noch zu erhaltende Miete, noch zu zahlende Löhne und Gehälter) dürfen nicht als Rechnungsabgrenzungsposten bilanziert werden, sondern sind als „sonstige Forderungen" bzw. „sonstige Verbindlichkeiten" zu erfassen.

Die Buchungen im Zusammenhang mit einem aktiven Rechnungsabgrenzungsposten seien anhand eines Beispiels erläutert.

Beispiel:
Die Prämie für eine Gebäudeversicherung für den Zeitraum von 01.09. des laufenden Jahres bis zum 31.08. des folgenden Jahres in Höhe von 24.000 DM wird zum 01.09. bezahlt.
Buchungen im laufenden Geschäftsjahr:

a) bei Zahlung:

    732 Versicherungen
      an 135 Bank   24.000 DM

b) am 31.12.:

    171 aktive Rechnungsabgrenzung

       an   732 Versicherungen   16.000 DM

Buchungen im folgenden Geschäftsjahr:

    732 Versicherungen

       an   171 aktive Rechnungsabgrenzung   16.000 DM

Ohne das Bilden des (aktiven) Rechnungsabgrenzungspostens wären für das laufende Geschäftsjahr der Aufwand zu hoch und das Jahresergebnis zu niedrig ausgewiesen worden.

Ausgehend vom Ziel der Rechnungsabgrenzung, nämlich den Erfolg eines Geschäftsjahres richtig zu ermitteln, läßt sich die Frage beantworten, wann auf das Bilden von Rechnungsabgrenzungsposten verzichtet werden kann. Diese müssen nicht ausgewiesen werden, wenn wegen der Geringfügigkeit der Beträge der Einblick in die Vermögens- und Ertragslage nicht beeinträchtigt wird. Diese Voraussetzung ist in der Regel bei betragsmäßig unbedeutenden Ausgaben, die in gleichmäßiger Höhe immer wiederkehren (z. B. Kfz-Versicherungen), gegeben.

Entscheidend für das Verständnis der Rechnungsabgrenzung ist die Unterscheidung zwischen Ausgabe und Aufwand auf der einen und Einnahme und Ertrag auf der anderen Seite, in Verbindung mit dem Ziel der periodengerechten Erfolgsermittlung.

2.3 Passivposten

2.3.1 Eigenkapital

Die Gliederung der Krankenhausbilanz laut KHBV sieht für das Eigenkapital folgende Differenzierung vor:

(1) gezeichnetes/festgesetztes Kapital (KUGr 200),
(2) Kapitalrücklagen (KUGr 201),
(3) Gewinnrücklagen (KUGr 202),
(4) Gewinnvortrag/Verlustvortrag (KUGr 203),
(5) Jahresüberschuß/Jahresfehlbetrag (KUGr 204).

Zu (1): *gezeichnetes/festgesetztes Kapital*
Gezeichnetes Kapital ist laut § 272 Abs. 1 HGB das Kapital, auf das die Haftung der Gesellschafter für die Verbindlichkeiten einer Kapitalgesellschaft gegenüber den Gläubigern beschränkt ist; es ist damit das „haftende Kapital"

der Gesellschaft. Das gezeichnete Kapital tritt begrifflich an die Stelle des Grundkapitals der AG bzw. des Stammkapitals der GmbH.

Als **festgesetztes Kapital** sind laut § 5 Abs. 6 KHBV die Beträge auszuweisen, die dem Krankenhaus vom Krankenhausträger zur Verfügung gestellt werden.

Die Höhe des Eigenkapitals wird durch Beschluß des Krankenhausträgers festgelegt und bleibt in der Regel langfristig unverändert.

Zu (2): *Kapitalrücklagen*
Rücklagen sind Bestandteil des Eigenkapitals.

Kapitalrücklagen gehören zu den **offenen Rücklagen**[63], d. h. den Rücklagen, die in der Bilanz ausgewiesen werden.

Den Inhalt der Kapitalrücklagen bei Kapitalgesellschaften regelt § 272 Abs. 2 HGB. Für die übrigen Krankenhäuser gilt § 5 Abs. 6 KHBV, wonach unter Kapitalrücklagen „sonstige Einlagen des Krankenhausträgers" auszuweisen sind.

Diese „sonstigen Einlagen" sind in der Regel zweckgebunden und somit **zweckgebundene Rücklagen.**

Die Zweckbindung bezieht sich auf Investitionen, für deren Finanzierung keine Fördermittel zur Verfügung stehen. Werden Investitionen in dieser Weise mit Eigenmitteln finanziert, so werden die Abschreibungen auf die betroffenen Gegenstände des Anlagevermögens durch Auflösen der Kapitalrücklage in entsprechender Höhe neutralisiert. Auf diese Weise wird das Jahresergebnis des Krankenhauses nicht durch investive Aufwendungen (Abschreibungen) beeinflußt.

Eine weitere Zweckbindung einer Kapitalrücklage kann das Abdecken von Betriebsverlusten sein.

Kapitalrücklagen entstehen immer durch eine zweckgebundene Mittelzuführung von außen durch den Krankenhausträger.

Zu (3): *Gewinnrücklagen*
Gewinnrücklagen stellen Eigenkapital dar, das nicht von außen durch den Krankenhausträger zugeführt wird, sondern das durch nicht ausgeschüttete Gewinne gebildet wurde.

Das Bilden einer Gewinnrücklage setzt einen entsprechenden Ergebnisverwendungsbeschluß des Krankenhausträgers voraus.

---

63 Im Gegensatz dazu werden stille Rücklagen nicht in der Bilanz ausgewiesen. Sie sind die Folge einer Unterbewertung von Aktiva (z. B. durch überhöhte Abschreibungen) oder einer Überbewertung von Passiva. Bei steigenden Preisen sind sie auch die Folge des Niederstwertprinzips.

Materiell gesehen sind Gewinne des Krankenhauses zweckgebunden zu verwenden, sofern es sich um ein gemeinnütziges Krankenhaus handelt, das die entsprechenden Steuerbefreiungen in Anspruch nimmt.[64]
Gewinnrücklagen können

- vertragliche/satzungsmäßige Rücklagen oder
- freie Rücklagen sein.

Rücklagenpolitik ist immer Gewinnverwendungspolitik. In gemeinnützigen Krankenhäusern sind die Möglichkeiten hierfür eingeschränkt, da die Gewinne zweckgebunden zu verwenden sind und eine Ausschüttung in der Regel nicht möglich ist.

Zu (4): *Gewinnvortrag/Verlustvortrag*
Ein Gewinn- bzw. Verlustvortrag wird dann bilanziert, wenn die Entscheidung über die endgültige Gewinnverwendung bzw. die endgültige bilanzielle Behandlung eines Verlustes noch nicht gefallen ist.

Zu (5): *Jahresüberschuß/Jahresfehlbetrag*
Unter diesem Bilanzposten wird das Ergebnis lt. Gewinn- und Verlustrechnung ausgewiesen.
Arten und Bilanzierung des Eigenkapitals lassen sich wie folgt zusammenfassen:

1. Zuführung durch den Krankenhausträger, d. h. von außen:
   - festgesetztes Kapital,
   - Kapitalrücklagen.
2. Bildung aus dem Jahresüberschuß:
   - Gewinnvortrag,
   - Gewinnrücklage.

2.3.2 Sonderposten aus Zuwendungen zur Finanzierung des Sachanlagevermögens

Die Gliederung der Bilanz laut KHBV sieht für diesen Passivposten folgende Differenzierung vor:

---

64 Zu den steuerbegünstigten Zwecken vgl. § 51 ff. AO. Gemeinnützigkeit nach § 52 AO führt zur Befreiung von der Körperschaftssteuer (§ 5 Abs. 1 Nr. 9 KStG). Krankenhäuser sind generell von der Umsatzsteuer (§ 4 Nr. 16 UStG) und von der Gewerbesteuer (§ 3 Nr. 20 GewStG) befreit, wenn sie die Bedingungen des § 67 AO als Zweckbetrieb erfüllen.

(1) Sonderposten aus Fördermitteln nach dem KHG (KGr 22),
(2) Sonderposten aus Zuweisungen und Zuschüssen der öffentlichen Hand
(KGr 23),
(3) Sonderposten aus Zuwendungen Dritter (KGr 21).

Zu (1): *Sonderposten aus Fördermitteln nach dem KHG*
Laut § 5 Abs. 3 KHBV sind Fördermittel nach dem KHG, die in aktivierte Vermögensgegenstände des Anlagevermögens investiert sind, in der Bilanz auf der Passivseite als „Sonderposten aus Fördermitteln nach dem KHG" zu bilanzieren.
Diese Vorschrift wird dadurch erfüllt, daß zusammen mit der Investition dem Sonderposten ein entsprechender Betrag zugeführt wird, und der Sonderposten entsprechend der Höhe der Abschreibungen der mit Fördermitteln finanzierten Anlagegüter vermindert wird.[65]
Der Sonderposten aus Fördermitteln nach dem KHG wird auch beim Abgang geförderter Anlagegüter berührt..
Entsprechend den möglichen Veränderungen des Sonderpostens ergeben sich folgende Buchungen:

(a) Zuführung zum Sonderposten bei zweckentsprechender Verwendung der Fördermittel:

    350 Verbindlichkeiten nach dem KHG
      an 22 Sonderposten aus Fördermitteln nach dem KHG

(b) Auflösung entsprechend der Höhe der Abschreibungen auf die mit Fördermitteln finanzierten Anlagengegenstände:

    22 Sonderposten aus Fördermitteln nach dem KHG
      an 490 Erträge aus der Auflösung von Sonderposten aus
              Fördermitteln nach dem KHG (GuV-Posten 13)

(c) Buchung beim Abgang geförderter Anlagegüter:

Fall 1: Buchwert   20.000 DM
         Verkaufserlös 20.000 DM

    (1) Bank
        an Anlagevermögen   20.000 DM
    (2) Sonderposten
        an Verbindlichkeiten nach dem KHG   20.000 DM

---

65 Zuführung zum Sonderposten und Auflösung des Sonderpostens erfolgen erfolgswirksam. Vgl. Abschnitt 2.2.3.4

Der Verkauf des Anlagegegenstandes vermindert den Wert der mit Fördermitteln finanzierten Anlagegüter. Daher ist der Sonderposten in Höhe des Buchwertes aufzulösen.

Nach dem Verkauf steht ein Erlös zur Verfügung, der inhaltlich nicht verwendete Fördermittel darstellt, die als Verbindlichkeiten nach dem KHG zu bilanzieren sind; daher die Buchung „Sonderposten an Verbindlichkeiten nach dem KHG".

Fall 2: Buchwert   20.000 DM
       Verkaufserlös   15.000 DM

(1) Bank   15.000 DM
     Aufwendungen aus dem Abgang von
     Gegenständen des Anlagevermögens   5.000 DM
     an Anlagevermögen   20.000 DM

(2) Sonderposten   20.000 DM
     an Verbindlichkeiten nach dem KHG   20.000 DM
     an Erträge aus der Auflösung von
     Sonderposten nach dem KHG   5.000 DM

Auch in diesem Fall ist der Sonderposten entsprechend dem Buchwert aufzulösen. Die Zuführung zu den Verbindlichkeiten nach dem KHG kann jedoch nur in Höhe des Verkaufserlöses erfolgen, da nur dieser Betrag nicht verwendete Fördermittel darstellt. Die Differenz zwischen Buchwert und Verkaufserlös in Höhe von 5.000 DM stellt einen Aufwand dar, der durch einen gleichhohen Ertrag aus der Auflösung von Sonderposten nach dem KHG neutralisiert wird.
Ausgehend vom Buchwert wird letztlich der niedrigere Verkaufserlös den Verbindlichkeiten nach dem KHG zugeführt, da es sich hierbei um noch nicht verwendete Fördermittel handelt (Passivtausch). Die erfolgswirksame Auflösung des Sonderpostens in Höhe von 5.000 DM gleicht die Aufwendungen aus dem Anlagenabgang (Differenz aus Buchwert und Verkaufserlös) aus, die man als in der Vergangenheit zu niedrige Abschreibungen interpretieren kann.

Fall 3: Buchwert   20.000 DM
       Verkaufserlös   25.000 DM

(1) Bank   25.000 DM
     an Anlagevermögen   20.000 DM
     an Erträge aus dem Abgang von
     Gegenständen des Anlagevermögens   5.000 DM

(2) Sonderposten aus Fördermitteln nach
dem KHG   20.000 DM
    an Verbindlichkeiten nach dem KHG   20.000 DM

(3) Zuführung der Fördermittel zu Verbindlichkeiten nach dem KHG   5.000 DM
    an Verbindlichkeiten nach dem KHG   5.000 DM

Auch in diesem Fall vermindert sich der Sonderposten entsprechend dem Buchwert des Anlagegutes. Die Zuführung zu den Verbindlichkeiten nach dem KHG entspricht auch hier der Höhe des Verkaufserlöses. Die Erträge aus dem Anlagenabgang in Höhe von 5.000 DM werden neutralisiert durch die erfolgswirksame Zuführung dieses Betrages zu den Verbindlichkeiten nach dem KHG.

Zusammenfassend kann man feststellen:
Die Auflösung des Sonderpostens entspricht immer der Höhe des Buchwertes. Die Zuführung zu den Verbindlichkeiten nach dem KHG erfolgt in Höhe des Verkaufserlöses.
Aufwendungen aus einem Anlagenabgang (der Verkaufserlös ist niedriger als der Buchwert) werden durch eine entsprechende erfolgswirksame Auflösung des Sonderpostens ausgeglichen.
Erträge aus einem Anlagenabgang (der Verkaufserlös ist höher als der Buchwert) werden durch eine erfolgswirksame Zuführung zu den Verbindlichkeiten nach dem KHG in entsprechender Höhe ausgeglichen.

Zu (2): *Sonderposten aus Zuweisungen und Zuschüssen der öffentlichen Hand*
Zuweisungen und Zuschüsse sind Mittel, die zwar keine Fördermittel nach dem KHG sind, aber dem Krankenhaus bei zweckentsprechender Verwendung ohne Rückzahlungsverpflichtung gewährt werden.
Nicht auf dem Krankenhausfinanzierungsgesetz beruhende Zuweisungen und Zuschüsse der öffentlichen Hand für Investitionen in aktivierte Anlagegegenstände sind laut § 5 Abs. 2 KHBV auf der Passivseite als „Sonderposten aus Zuweisungen und Zuschüssen der öffentlichen Hand", vermindert um die jeweiligen bis zum Bilanzstichtag angefallenen Abschreibungen auf diese Anlagegegenstände, auszuweisen.
Die Abschreibungen auf die mit Zuweisungen und Zuschüssen der öffentlichen Hand finanzierten Anlagegegenstände werden durch die erfolgswirksame Auflösung des Sonderpostens neutralisiert. Damit erfolgt eine bilanzielle Gleichbehandlung mit den mit Fördermitteln finanzierten Anlagegegenständen. In jedem Fall werden entsprechende Abschreibungen sowie Aufwendungen und Erträge aus dem Abgang von Gegenständen des Anlagevermögens neutralisiert.

Zu (3): *Sonderposten aus Zuwendungen Dritter*
Der Vollständigkeit halber und zum Zwecke der einheitlichen bilanztechnischen Behandlung des investiven Bereichs sieht die Gliederung der Bilanz einen Sonderposten für zweckgebundene Investitionszuschüsse Dritter vor. Mit diesem Posten werden die gleichen Ziele wie mit dem Sonderposten aus Fördermitteln nach dem KHG und dem Sonderposten aus Zuweisungen und Zuschüssen der öffentlichen Hand verfolgt, nämlich die erfolgsneutrale Behandlung von investiven Aufwendungen.

2.3.3 Rückstellungen

a) Begriff

Rückstellungen sind Passivposten, die die Aufgabe haben, Aufwendungen eines Geschäftsjahres, die erst in einem folgenden Geschäftsjahr zu einer in ihrer Höhe und ihrem genauen Fälligkeitstermin noch nicht feststehenden Ausgabe führen, dem Geschäftsjahr zuzurechnen, in dem sie verursacht wurden.

Eine rechtsverbindliche Leistungsverpflichtung ist nicht Voraussetzung für das Bilden einer Rückstellung. Es reicht aus, wenn die Wahrscheinlichkeit für eine spätere Inanspruchnahme bzw. Ausgabe gegeben ist, deren wirtschaftliche Begründung im laufenden Geschäftsjahr liegt.

Im Hinblick auf das Ziel der Bilanzierung, nämlich Vermögen und Kapital zum Bilanzstichtag festzustellen, kommt der Rückstellung die Aufgabe zu, Schulden vollständig auszuweisen, auch wenn diese zum Teil in ihrer genauen Höhe und mit ihrem genauen Fälligkeitszeitpunkt noch nicht bekannt sind. Diese Art der Bilanzierung entspricht dem **Vorsichtsprinzip**.

Im Hinblick auf die Erfolgsermittlung im Rahmen der Gewinn- und Verlustrechnung haben Rückstellungen die Funktion von Abgrenzungsposten, da sie erfolgswirksam gebildet werden (Buchung: Aufwand an Rückstellungen).

Im Gegensatz zu den **Rücklagen**, die Teile des Eigenkapitals sind, sind Rückstellungen wirtschaftlich gesehen Fremdkapital und stets zweckgebunden.

Rückstellungen haben mit den **Verbindlichkeiten** gemeinsam, daß beide Bestandteile des Fremdkapitals sind und sie nicht in dem Geschäftsjahr bilanziert werden, in dem die Verbindlichkeit geltend gemacht wird, sondern in dem Geschäftsjahr, in dem sie wirtschaftlich entstanden ist. Der Unterschied zwischen diesen beiden Arten von Fremdkapital besteht darin, daß bei den Verbindlichkeiten Höhe und Termin der Fälligkeit bekannt sind, während bei den Rückstellungen Höhe und Termin der Fälligkeit in der Regel unbekannt sind. Bekannt ist nur der Grund bzw. der Zweck für den sie gebildet werden.

Mit den **Rechnungsabgrenzungsposten** haben Rückstellungen gemeinsam, daß sie beide der periodischen Erfolgsabgrenzung dienen.
Während bei den Rechnungsabgrenzungen der Zahlungsvorgang das laufende Geschäftsjahr betrifft und der entsprechende Aufwand bzw. Ertrag in bekannter Höhe dem folgenden Geschäftsjahr zuzuordnen ist, betrifft bei den Rückstellungen der Aufwand das laufende Geschäftsjahr, Höhe und Fälligkeit der Ausgabe sind ungewiß.

b) Arten
Die Gliederung der Krankenhausbilanz laut KHBV sieht für die Rückstellungen folgende Differenzierung vor:
(1) Rückstellungen für Pensionen und ähnliche Verpflichtungen (KGr 27),
(2) Steuerrückstellungen (KUGr 280),
(3) sonstige Rückstellungen (KUGr 281).

Zu (1): *Rückstellungen für Pensionen und ähnliche Verpflichtungen*
Eine Verpflichtung zur Bildung von Pensionsrückstellungen besteht nur für nach dem 31.12.1986 gegebene Pensionszusagen.
Wird von dem Wahlrecht Gebrauch gemacht und auf die Passivierung der übrigen Pensionszusagen verzichtet, müssen die in der Bilanz nicht ausgewiesenen Rückstellungen im Anhang zum Jahresabschluß angegeben werden.[66]
Die Höhe der Pensionsrückstellungen und auch gegebenenfalls die Höhe des Rückversicherungsanspruches sind nach versicherungsmathematischen Grundsätzen (versicherungsmathematisches Gutachten) zu ermitteln.
Pensionsrückstellungen werden wie folgt gebucht:

Bei Bildung:

    62 Aufwendungen für Altersversorgung
      an   27 Pensionsrückstellungen

Bei Auflösung:

a) „Verbrauch"
    27 Pensionsrückstellungen
      an   135 Bank

b) Soweit keine Inanspruchnahme erfolgte:
    27 Pensionsrückstellungen
      an   540 Erträge aus der Auflösung von Pensionsrückstellungen

---

66 Vgl. § 4 Abs. 3 KHBV

Pensionsrückstellungen erfüllen die in § 249 HGB genannten Voraussetzungen für Rückstellungen, denn es handelt sich um Aufwendungen, die ihrer Eigenart nach genau umschrieben und dem betreffenden Geschäftsjahr zuzuordnen sind, die am Abschlußstichtag wahrscheinlich oder sicher, aber hinsichtlich ihrer Höhe oder des Zeitpunkts ihres Eintritts unbestimmt sind.

Zu (2): *Steuerrückstellungen*
Rückstellungen für gewinnabhängige Steuern kommen für gemeinnützige Krankenhäuser nicht in Betracht. Steuerrückstellungen können sich demnach bei gemeinnützigen Krankenhäusern nur auf solche Steuern beziehen, die bei der Gewinnermittlung abzugsfähig sind, wie z. B. die Grundsteuer. Die Buchung für die Steuerrückstellung lautet:

Bei Bildung:

> 730 Steuern
> *an* 280 Steuerrückstellungen

Bei Auflösung:

a) „Verbrauch"
> 280 Steuerrückstellungen
> *an* 135 Bank

b) Soweit keine Inanspruchnahme erfolgte:
> 280 Steuerrückstellungen
> *an* 541 Erträge aus der Auflösung von sonstigen Rückstellungen

Zu (3): *Sonstige Rückstellungen*
Zu den sonstigen Rückstellungen, die im Krankenhaus die Bedingungen des § 249 HGB erfüllen, gehören:
- Urlaubsrückstellungen,
- Rückstellungen für Kosten der Jahresabschlußprüfung für das abgelaufene Geschäftsjahr,
- Rückstellungen für Prozeßkosten,
- Rückstellungen für unterlassene Instandhaltungen.

Urlaubsrückstellungen werden gebildet für Urlaubstage, die Mitarbeitern zustehen und im abgelaufenen Geschäftsjahr nicht genommen wurden. Nicht genommener Urlaub bedeutet eine Erhöhung der Kapazität an Arbeitskraft zu Lasten des folgenden Geschäftsjahres. Diese Kapazitätserhöhung wird durch das Bilden einer Urlaubsrückstellung berücksichtigt.

Die Urlaubsrückstellung wird wie folgt gebucht:

Bei Bildung:

    60 Löhne und Gehälter
       an 28 andere Rückstellungen

Bei Auflösung:

a) „Verbrauch"
    28 andere Rückstellungen
       an 135 Bank

b) Soweit keine Inanspruchnahme erfolgte:
    28 andere Rückstellungen
       an 541 Erträge aus der Auflösung von anderen Rückstellungen

Für die Ermittlung des Rückstellungsbetrages ist es ausreichend, den Durchschnittsaufwand je Beschäftigten differenziert nach Dienstarten[67] zu ermitteln und mit der Zahl der jeweiligen Resturlaubstage zu multiplizieren.

Für **Rückstellungen für unterlassene Instandhaltung** besteht laut § 249 Abs. 1 HGB eine Passivierungspflicht, wenn sie im folgenden Geschäftsjahr innerhalb von drei Monaten nachgeholt werden. Bei der Abraumbeseitigung muß eine Rückstellung gebildet werden, wenn sie im folgenden Geschäftsjahr nachgeholt wird.

Rückstellungen dürfen für unterlassene Aufwendungen für Instandhaltung gebildet werden, wenn die Instandhaltung nach Ablauf der Dreimonatsfrist innerhalb des Geschäftsjahres nachgeholt wird.

Rückstellungen dürfen nur aufgelöst werden, soweit der Grund hierfür entfallen ist (§ 249 Abs. 3 HGB).

Die Passivierungswahlrechte bei Rückstellungen haben insofern bilanzpolitische Bedeutung, als sich durch „Rückstellungspolitik" der Periodenerfolg beeinflussen läßt. Das ist bei entsprechender Bewertung der Rückstellungen auch in den Fällen möglich, in denen Passivierungspflicht besteht.

Die bilanzpolitische Bedeutung der Rückstellungen ist um so größer, je weiter ihre mögliche Auflösung in der Zukunft liegt.

Für gemeinnützige Krankenhäuser, die keine gewinnabhängigen Steuern bezahlen, ist die bilanzpolitische Bedeutung der Rückstellungen geringer als für Krankenhäuser, für die die Steuerbefreiung § 5 Abs. 1 Nr. 9 KStG nicht gilt.

---

67 Zu den Dienstarten vgl. Abschnitt 3.2.9

2.3.4 Verbindlichkeiten

Die KHBV sieht für die Verbindlichkeiten folgende Gliederung vor:
(1) Verbindlichkeiten gegenüber Kreditinstituten (KGr 34),
(2) Erhaltene Anzahlungen (KGr 36),
(3) Verbindlichkeiten aus Lieferungen und Leistungen (KGr 32),
(4) Verbindlichkeiten aus der Annahme gezogener Wechsel und der Ausstellung eigener Wechsel (KGr 33),
(5) Verbindlichkeiten gegenüber Gesellschaftern bzw. dem Krankenhausträger (KUGr 370),
(6) Verbindlichkeiten nach dem Krankenhausfinanzierungsrecht (KGr 35),
(7) Verbindlichkeiten aus sonstigen Zuwendungen zur Finanzierung des Anlagevermögens (KUGr 371),
(8) Verbindlichkeiten gegenüber verbundenen Unternehmen (KUGr 372),
(9) Verbindlichkeiten gegenüber Unternehmen, mit denen ein Beteiligungsverhältnis besteht (KUGr 373),
(10) sonstige Verbindlichkeiten (KUGr 374).

Bei der Bilanzierung der Verbindlichkeiten wird heute nicht mehr unterschieden zwischen kurzfristigen und langfristigen Verbindlichkeiten. Statt dessen sieht die Gliederung der Bilanz vor, daß in der Vorspalte eine entsprechende Differenzierung vorgenommen wird. Das geschieht in der Weise, daß für jede Art von Verbindlichkeiten in der Vorspalte angegeben wird, welcher Anteil der Verbindlichkeiten eine Restlaufzeit von bis zu einem Jahr hat („davon mit einer Restlaufzeit bis zu einem Jahr").

Zu (1): *Verbindlichkeiten gegenüber Kreditinstituten*
In der Vorspalte werden bei den Verbindlichkeiten gegenüber Kreditinstituten nicht nur die Verbindlichkeiten mit einer Restlaufzeit bis zu einem Jahr ausgewiesen, sondern auch der Teil der Verbindlichkeiten, der nach dem KHG gefördert wird. Hierbei handelt es sich nicht um Fördermittel („Verbindlichkeiten nach dem KHG"), die dem Krankenhaus zugeflossen, jedoch noch nicht zwecksprechend verwendet sind, sondern um Darlehen von Kreditinstituten, deren Kapitaldienst (Zinsen und Tilgung) mit Hilfe von Fördermitteln geleistet wird.

Zu (2): *Erhaltene Anzahlungen*
Erhaltene Anzahlungen beziehen sich auf Lieferungen und Leistungen, für die das Krankenhaus Zahlungen erhalten hat, ohne seinerseits die geschuldete Leistung erbracht zu haben. Erhaltene Anzahlungen spielen in der Krankenhausbilanz eine untergeordnete Rolle. Hierunter fallen z. B. Anzahlungen (insbesondere) von Privatpatienten sowie Anzahlungen von liquidations- und nebentätigkeitsberechtigten Ärzten hinsichtlich der von ihnen zu

leistenden Nutzungsentgelte (Kostenerstattung und Vorteilsausgleich) für die Inanspruchnahme von Kapazitäten des Krankenhauses.

Eine Saldierung von erhaltenen Anzahlungen mit geleisteten Anzahlungen ist unzulässig (Bruttoausweis, Saldierungsverbot).

Zu (3): *Verbindlichkeiten aus Lieferungen und Leistungen*
Die Verbindlichkeiten gegenüber Lieferanten werden üblicherweise zunächst in der Kreditorenbuchhaltung auf Personenkonten gebucht.[68] Der Bilanzausweis ergibt sich entsprechend dem Saldo des Sachkontos aus der Summe der Salden der Personenkonten und wird insofern durch eine Saldenliste nachgewiesen. Alternativ dazu ist es auch möglich und mit den Grundsätzen einer ordnungsmäßigen Buchführung vereinbar, die Verbindlichkeiten in Form einer „offene Postenbuchhaltung" nachzuweisen. Offene Postenbuchhaltung ist eine geordnete Ablage der nicht ausgeglichenen Lieferantenrechnungen und ersetzt das Buchen der Verbindlichkeiten auf Personenkonten.

Zu (4): *Verbindlichkeiten aus der Annahme gezogener Wechsel und der Ausstellung eigener Wechsel*
Verbindlichkeiten dieser Art kommen in Krankenhäusern, insbesondere in gemeinnützigen Krankenhäusern, üblicherweise nicht vor.

Zu (5): *Verbindlichkeiten gegenüber Gesellschaftern bzw. dem Krankenhausträger*
Dieser Posten ist der Gegenposten zu den „Forderungen an Gesellschafter bzw. den Krankenhausträger" (vgl. Abschnitt 2.2.3.3).
Hier wären unter anderem die Verbindlichkeiten gegenüber dem Krankenhausträger bei verbundener Sonderkasse auszuweisen, d. h. für den Fall, daß der Zahlungsverkehr öffentlicher Krankenhäuser durch den Krankenhausträger abgewickelt wird.

Zu (6): *Verbindlichkeiten nach dem Krankenhausfinanzierungsrecht*
Hierzu gehören **Verbindlichkeiten nach dem KHG,** die die Höhe der dem Krankenhaus zugeflossenen, aber noch nicht zweckentsprechend verwendeten Fördermittel darstellen. Insofern sind die Verbindlichkeiten nach dem KHG ein Übergangsposten bis zur zweckentsprechenden Verwendung der Fördermittel, die zu einer Einstellung in den Sonderposten aus Fördermitteln nach dem KHG führt.[69]

---

68 Vgl. Abschnitt 1.3.5
69 Vgl. Abschnitt 2.2.3.4 und Abschnitt 2.3.2

Die **Verbindlichkeiten nach der BPflV** betreffen den Erlösausgleich nach den Vorschriften der Bundespflegesatzverordnung. Hat ein Krankenhaus mehr Leistungen abgerechnet als geplant und im Rahmen der Budgetverhandlungen vereinbart, so sind die erzielten Mehrerlöse zu einem bestimmten, in der Bundespflegesatzverordnung festgelegten Prozentsatz zurückzuzahlen bzw. in einem folgenden Budgetzeitraum zu verrechnen. Zum Zeitpunkt der Erstellung des Jahresabschlusses läßt sich die entsprechende Verbindlichkeit in der Regel rechnerisch ermitteln und insofern eine Verbindlichkeit bilanzieren. Die Verbindlichkeit nach der BPflV ist der „Gegenposten" zu den Forderungen nach der BPflV (vgl. Abschnitt 2.2.3.4 b).

Zu (7): *Verbindlichkeiten aus sonstigen Zuwendungen zur Finanzierung des Anlagevermögens*
Als „Verbindlichkeiten aus sonstigen Zuwendungen zur Finanzierung des Anlagevermögens" werden die Mittel ausgewiesen, die dem Krankenhaus für investive Zwecke zugeflossen sind, jedoch noch nicht zweckentsprechend verwendet wurden. Die zweckentsprechend verwendeten Mittel werden beim „Sonderposten aus Zuweisungen und Zuschüssen der öffentlichen Hand" oder beim „Sonderposten aus Zuweisungen Dritter" gezeigt. Damit wird die Bilanzierung der Fördermittel im Hinblick auf die Differenzierung „zweckentsprechend verwendet" und „noch nicht zweckentsprechend verwendet" auf die sonstigen für die Finanzierung von Anlagegütern zur Verfügung gestellten Mittel übertragen, und zwar mit dem Ziel, die aus den entsprechenden Investitionen resultierenden investiven Aufwendungen in der Erfolgsrechnung zu neutralisieren.[70]

Zu (8): *Verbindlichkeiten gegenüber verbundenen Unternehmen*
Dieser Bilanzposten betrifft grundsätzlich Kapitalgesellschaften.

Zu (9): *Verbindlichkeiten gegenüber Unternehmen, mit denen ein Beteiligungsverhältnis besteht*
Auch dieser Bilanzposten betrifft nur Kapitalgesellschaften.

Zu (10): *Sonstige Verbindlichkeiten*
Unter diesem Bilanzposten sind die Verbindlichkeiten zuzuordnen, die nicht die obengenannten Posten betreffen. Im Kontenrahmen handelt es sich dabei um „andere sonstige Verbindlichkeiten" (KUGr 374). Als andere sonstige Verbindlichkeiten seien beispielhaft genannt:
● Rückständige Mieten oder Pachten,

---

70 Vgl. hierzu die Abschnitte 2.2.3.4 und 2.3.2

- Verbindlichkeiten gegenüber Sozialleistungsträgern aus rückständigen Sozialversicherungsbeiträgen,
- Verbindlichkeiten gegenüber Finanzämtern aus rückständiger Lohnsteuer.

2.3.5 Ausgleichsposten aus Darlehensförderung

Ein passiver Ausgleichsposten aus Darlehnsförderung ist dann zu bilden, wenn die Nutzungsdauer der mit dem Darlehen finanzierten Anlagegüter länger ist als die Laufzeit des Darlehens.

In diesem Fall sind die Tilgungsanteile der Darlehnsförderung, die ertragswirksam vereinnahmt werden, größer als die Aufwendungen aus der Abschreibung der Anlagegüter. Die Erfolgsneutralität wird in diesem Fall durch eine zusätzliche Aufwandsbuchung hergestellt, mit der der passive Ausgleichsposten gebildet wird (vgl. hierzu die Ausführungen unter Abschnitt 2.2.6).

2.3.6 Rechnungsabgrenzungsposten

Es wird auf die Ausführungen unter Abschnitt 2.2.7 verwiesen.

3. Gewinn- und Verlustrechnung

3.1 Gliederung der Gewinn- und Verlustrechnung (GuV)

Anlage 2 zur KHBV sieht für Krankenhäuser folgende Gliederung der Gewinn- und Verlustrechnung vor:

1. Erlöse aus Krankenhausleistungen (KGr. 40) ....
2. Erlöse aus Wahlleistungen (KGr. 41) ....
3. Erlöse aus ambulanten Leistungen des Krankenhauses (KGr. 42) ....
4. Nutzungsentgelte der Ärzte (KGr. 43) ....
5. Erhöhung oder Verminderung des Bestandes an fertigen und unfertigen Erzeugnissen/unfertigen Leistungen(KUGr. 550 und 551) ....
6. andere aktivierte Eigenleistungen (KUGr. 552) ....
7. Zuweisungen und Zuschüsse der öffentlichen Hand, soweit nicht unter Nr. 11 (KUGr. 472) ....
8. sonstige betriebliche Erträge .... (KGr. 44, 45; KUGr. 473, 520; KGr. 54, 57, 58; KUGr. 591, 592), davon aus Ausgleichsbeträgen für frühere Geschäftsjahre (KGr. 58) ....
9. Personalaufwand
   a) Löhne und Gehälter (KGr. 60, 64) ....
   b) soziale Abgaben und Aufwendungen für Altersversorgung und für Unterstützung (KGr. 61 - 63), ...
   davon für Altersversorgung (KGr. 62) ....
10. Materialaufwand
    a) Aufwendungen für Roh-, Hilfs- und Betriebsstoffe ....
    (KUGr. 650; KGr. 66 ohne Kto. 6601, 6609, 6616 und 6618; KGr. 67; KUGr. 680; KGr. 71)

b) Aufwendungen für bezogene Leistungen
(KUGr. 651; Kto. 6601, 6609, 6616 und
6618; KUGr. 681) ....

Zwischenergebnis ....

11. Erträge aus Zuwendungen zur Finanzierung
von Investitionen (KGr. 46; KUGr. 470, 471),
davon Fördermittel nach dem KHG
(KGr. 46) ....

12. Erträge aus der Einstellung von Ausgleichsposten aus Darlehensförderung und für Eigenmittelförderung (KGr. 48) ....

13. Erträge aus der Auflösung von Sonder-
posten/Verbindlichkeiten nach dem KHG
und auf Grund sonstiger Zuwendungen
zur Finanzierung des Anlagevermögens
(KUGr. 490 – 491) ....

14. Erträge aus der Auflösung des Ausgleichspostens für Darlehensförderung (KUGr. 492) ....

15. Aufwendungen aus der Zuführung zu Sonder-
posten/Verbindlichkeiten nach dem KHG
und auf Grund sonstiger Zuwendungen zur
Finanzierung des Anlagevermögens
(KUGr. 752, 754, 755) ....

16. Aufwendungen aus der Zuführung zu Ausgleichsposten aus Darlehensförderung
(KUGr. 753) ....

17. Aufwendungen für die nach dem KHG
geförderte Nutzung von Anlagegegenständen
(KGr. 77) ....

18. Aufwendungen für nach dem KHG
geförderte, nicht aktivierungsfähige Maßnahmen (KUGr. 721) ....

19. Aufwendungen aus der Auflösung der Ausgleichsposten aus Darlehensförderung und für
Eigenmittelförderung (KUGr. 750, 751) ....

20. Abschreibungen
   a) auf immaterielle Vermögensgegenstände des
      Anlagevermögens und Sachanlagen sowie
      auf aktivierte Aufwendungen für die Ingang-
      setzung und Erweiterung des Geschäfts-
      betriebes (KUGr. 760, 761) ....
   b) auf Vermögensgegenstände des Umlauf-
      vermögens, soweit diese die im Krankenhaus
      üblichen Abschreibungen über schreiten
      (KUGr. 765) ....

21. sonstige betriebliche Aufwendungen . ...
   (KGr. 69, 70; KUGr. 720, 731, 732, 763, 764,
   781, 782, 790, 791, 793, 794),
   davon aus Ausgleichsbeträgen für frühere
   Geschäftsjahre (KUGr. 790) ....

Zwischenergebnis ....

22. Erträge aus Beteiligungen (KUGr. 500, 521), ...
   davon aus verbundenen Unternehmen
   (Kto. 5000) ....

23. Erträge aus anderen Wertpapieren und aus
   Ausleihungen des Finanzanlagevermögens
   (KUGr. 501, 521); ....
   davon aus verbundenen Unternehmen
   (Kto. 5010, 5210) ....

24. sonstige Zinsen und ähnliche Erträge (KGr. 51), ...
   davon aus verbundenen Unternehmen
   (KUGr. 510) ....

25. Abschreibungen auf Finanzanlagen und auf
   Wertpapiere des Umlaufvermögens (KUGr. 762) ....

26. Zinsen und ähnliche Aufwendungen (KGr. 74), ...
   davon für Betriebsmittelkredite
   (KUGr. 740), ...
   davon an verbundene Unternehmen
   (KUGr. 741) ....

27. Ergebnis der gewöhnlichen Geschäftstätigkeit ....

28. außerordentliche Erträge (KUGr. 590) ....

29. außerordentliche Aufwendungen (KUGr. 792) ....

30. außerordentliches Ergebnis ....

31. Steuern (KUGr. 730), ...
davon vom Einkommen
und vom Ertrag ....

32. Jahresüberschuß/Jahresfehlbetrag ....

Das Gliederungsschema für die Gewinn- und Verlustrechnung von Krankenhäusern sieht die heute allgemein übliche Staffelform vor.
Die Klammerhinweise auf Kontengruppen, Kontenuntergruppen oder Konten lt. Kontenrahmen entfallen in der konkreten Gewinn- und Verlustrechnung.
Zu jedem Posten sind die entsprechenden Vorjahresbeträge anzugeben.
Leerposten können entfallen, wenn hierfür im Vorjahr ebenfalls kein Betrag ausgewiesen wurde.
Veränderungen der Kapital- und Gewinnrücklagen dürfen laut § 275 Abs. 4 HGB in der Gewinn- und Verlustrechnung erst nach dem Posten „Jahresüberschuß/Jahresfehlbetrag" ausgewiesen werden.
Der Posten „Jahresüberschuß/Jahresfehlbetrag" ist als Alternative formuliert. In der konkreten Gewinn- und Verlustrechnung wird die passende Möglichkeit ausgewählt und angegeben, d. h. Jahresüberschuß oder Jahresfehlbetrag.
Die in Staffelform aufgebaute Gewinn- und Verlustrechnung weist zwei Zwischenergebnisse aus.
Das erste Zwischenergebnis stellt den Betriebserträgen den Personal- und Sachaufwand gegenüber und weist damit den Betriebsrohgewinn bzw. den Betriebsrohverlust aus, allerdings ohne die „sonstigen betrieblichen Aufwendungen", die einen nennenswerten Teil der Sachkosten im Sinne der Leistungs- und Kalkulationsaufstellung (LKA)[71] ausmachen, auf deren Grundlage über Budget und Pflegesätze verhandelt wird.
Addiert man zum Betriebsrohgewinn bzw. Betriebsrohverlust den Saldo der GuV-Posten 9 bis 15, nämlich die Aufwendungen und Erträge aus dem investiven Bereich, sowie GuV-Posten 21 (sonstige betriebliche Aufwendungen), so erhält man als zweites Zwischenergebnis den Betriebsverlust bzw. Betriebsgewinn.
Das zusätzliche Berücksichtigen von Finanzanlagen und außerordentlichen Posten ergibt den Jahresüberschuß bzw. den Jahresfehlbetrag.
Mit dem Ausweis der Zwischenergebnisse wird die Aussagekraft der Gewinn- und Verlustrechnung im Hinblick auf die Struktur bzw. das Zustandekommen des Jahresergebnisses erhöht.

---

71 Vgl. Anhang 2

3.2 Erträge

3.2.1 Erlöse aus Krankenhausleistungen (GuV-Posten 1)

Der Kontenrahmen laut Anlage 4 zur KHBV sieht für die Kontengruppe 40 (Erlöse aus Krankenhausleistungen) eine Mindestgliederung vor[72], die im Kontenplan des einzelnen Krankenhauses weiter differenziert wird. Läßt man die in der Praxis seltenen Erlöse aus Pflegesätzen für besondere Einrichtungen außer acht, so bietet sich für die Sachkonten folgende Gliederung an:

Kontenklasse 4:	Betriebliche Erträge
40	**Erlöse aus Krankenhausleistungen**
400	Erlöse aus tagesgleichen Pflegesätzen
4001	Erlöse aus Basispflegesatz, vollstationär
4002	Erlöse aus Basispflegesatz, teilstationär
4003	Erlöse aus Abteilungspflegesätzen, vollstationär
40031 40032 • • •	Differenzierung entsprechend der Zahl der Fachabteilungen
4004	Erlöse aus Abteilungspflegesätzen, teilstationär
40041 40042 • • •	Differenzierung entsprechend der Zahl der Fachabteilungen
401	Erlöse aus Fallpauschalen und Sonderentgelten
4010	Erlöse aus Fallpauschalen
40101 40102 • • •	Differenzierung entsprechend der Zahl der Fachabteilungen

---

72 Vgl. Anhang 1

4011	Erlöse aus Sonderentgelten

40111 40112	Differenzierung entsprechend der Zahl der Fachabteilungen

●
●
●

402	Erlöse aus vor- und nachstationärer Behandlung

4020	Erlöse aus vorstationärer Behandlung nach § 115a SGBV

40201 40202	Differenzierung entsprechend der Zahl der Fachabteilungen

●
●
●

4021	Erlöse aus nachstationärer Behandlung nach § 115a SGBV

40211 40212	Differenzierung entsprechend der Zahl der Fachabteilungen

●
●
●

In der **Patientenabrechnung** als der zusammen mit der Personalabrechnung wichtigsten Nebenbuchhaltung des Krankenhauses, werden Erträge patientenbezogen ermittelt und im Hinblick auf die Rechnungsstellung nach Kostenträgern (Krankenkassen) differenziert zusammengefaßt und gebucht.

In der Patientenabrechnung sind damit Abrechnungsinformationen verfügbar, die differenzierter sind als die auf den Sachkonten der Kontengruppe 40. Insbesondere stehen innerhalb der jeweiligen Fachabteilung die Erlöse aus Fallpauschalen und Sonderentgelten differenziert nach einzelnen Leistungen, d. h. einzelnen Fallpauschalen und einzelnen Sonderentgelten zur Verfügung.

Neben der Kostenplanung und Kostenkontrolle haben **Leistungsplanung** und **Leistungskontrolle** durch die differenziertere Vergütung von Krankenhausleistungen und die Erlösausgleichsmechanismen der Bundespflegesatzverordnung stark an Bedeutung gewonnen.

Die differenzierte Leistungsplanung innerhalb der verschiedenen Fachabteilungen stützt sich dabei auf die Ergebnisse der Leistungsabrechnung. Das gilt auch für die Erlöskontrolle, bei der – häufig unter dem Schlagwort **Erlöscontrolling** – geplante und tatsächliche Erlöse in differenzierter Weise einander gegenübergestellt werden. Diese differenzierte Gegenüberstellung beschränkt sich nicht auf die Anzahl der abgerechneten Pflegesätze, Fallpauschalen und Sonderentgelte, sondern bezieht mit der jeweiligen Verweildauer wichtige Daten der Belegungsplanung bzw. Belegungsstatistik in den Kontrollmechanismus mit ein. Der Zusammenhang zwischen Belegungsstatistik und Leistungsabrechnung setzt eine laufende Abstimmung dieser beiden Bereiche voraus.

Das differenzierte System der Leistungsvergütung macht die Leistungsabrechnung – wie bereits angeführt – komplizierter als sie „zu Zeiten des allgemeinen Pflegesatzes" war. Die Folge hiervon ist, daß üblicherweise der zuständige Arzt – in der Regel der zuständige Stationsarzt – für jeden Patienten einen Abrechnungsvorschlag macht. Hierbei hat er, wenn es um die Frage Fallpauschale/Sonderentgelt geht, den Zusammenhang zwischen Fallpauschale bzw. Sonderentgelt, der dazugehörigen Diagnose (ICD-Nr.) und dem dazugehörigen operativen Eingriff (ICPM-Nr.) zu beachten.

Inzwischen stehen für die Patientenabrechnung DV-Programme zur Verfügung, die patientenbezogen Abrechnungsvorschläge machen bzw. mögliche Abrechnungsformen aufzeigen. Auch diese Programme stellen die Beziehung zwischen den jeweiligen Fallpauschalen bzw. Sonderentgelten, der Diagnose und der operativen Therapie in Form der ICPM-Nummern her.

Schwierigkeiten bei der Leistungsabrechnung ergeben sich meist nur dann, wenn bei einem Patienten in einer Narkose verschiedene operative Eingriffe durchgeführt werden und die Frage nach dem Haupteingriff bzw. die Frage nach einem neuen bzw. separaten operativen „Zugang" zu beantworten ist. Die Anzahl dieser Fälle ist jedoch – gemessen am insgesamt abzurechnenden Volumen – von eher untergeordneter Bedeutung.

3.2.2 Erlöse aus Wahlleistungen (GuV-Posten 2)

Der Kontenrahmen laut Anlage 4 der KHBV differenziert die Erlöse aus Wahlleistungen in:

410 Erlöse aus wahlärztlichen Leistungen,
411 Erlöse aus gesondert berechenbarer Unterkunft,
413 Erlöse aus sonstigen nichtärztlichen Wahlleistungen.

Zu (1): *Erlöse aus wahlärztlichen Leistungen*

Die Inanspruchnahme wahlärztlicher Leistungen bedeutet für den Patienten die Behandlung durch die liquidationsberechtigten Ärzte des Krankenhauses.[73] Die Behandlung bzw. Arztwahl kann sich dabei nicht auf den Arzt der jeweiligen Fachabteilung beschränken, sondern bezieht sich immer auf alle liquidationsberechtigten Ärzte des Krankenhauses.

In der überwiegenden Zahl der Fälle sind die Dienstverträge der Chefärzte bzw. der leitenden Ärzte so gestaltet, daß ihnen neben einem Grundgehalt (in der Regel Gruppe I laut BAT bzw. AVR) Liquidationserlöse aus der Abrechnung wahlärztlicher Leistungen zufließen, die damit die zweite Komponente der Vergütung für die Wahrnehmung der Dienstaufgaben sind. Die von den Ärzten zu leistenden Nutzungsentgelte werden dann unter GuV-Posten 4 gezeigt.

In den Fällen, in denen das Krankenhaus seinen leitenden Ärzten kein Liquidationsrecht einräumt[74], fließen dem Krankenhaus als Erlöse wahlärztlicher Leistungen die gesamten Bruttohonorareinnahmen zu. Im Hinblick auf den Differenzierungsgrad des Kontenplanes hat das keine Auswirkungen. Auch hier empfiehlt sich eine Differenzierung nach leitenden Ärzten bzw. Fachabteilungen.

Zu (2): *Erlöse aus gesondert berechenbarer Unterkunft*

Als gesondert berechenbare Unterkunft können Krankenhäuser anbieten:
- Unterbringung im Einbettzimmer,
- Unterbringung im Zweibettzimmer.

Der Kontenplan des Krankenhauses sollte diese Differenzierung vorsehen. Die getrennte Buchung der Erlöse aus der Unterkunft in Einbettzimmern und der Unterkunft in Zweibettzimmern erleichtert die Abstimmung zwischen den gebuchten Erlösen und den Daten der Belegungsstatistik.

Wie bei der Erbringung wahlärztlicher Leistungen muß das Krankenhaus auch bei der gesondert berechenbaren Unterkunft in Einbett- oder Zweibettzimmern (Wahlleistung Unterkunft) bei der Budgetermittlung einen „politischen" Kostenabzug gegen sich gelten lassen, der das Ziel hat, die Pflegesätze zu senken. Dieser Kostenabzug beträgt laut § 7 Abs. 2 Nr. 7 BPflV

---

73 Hierbei handelt es sich um die Chefärzte der verschiedenen Abteilungen, teilweise auch um Oberärzte, die in Ausnahmefällen für Teilbereiche liquidationsberechtigt sind.

74 In diesen Fällen werden entweder die leitenden Ärzte im Innenverhältnis an den Liquidationserlösen beteiligt (sog. Beteiligungsvergütung) oder erhalten ein entsprechend hohes Festgehalt.

- beim Einbettzimmer 65 v. H.,
- beim Einbettzimmer in Krankenhäusern, bei denen die Unterbringung im Zweibettzimmer zu den allgemeinen Krankenhausleistungen gehört, 35 v. H.,
- beim Zweibettzimmer 25 v. H.

des Betrages nach Abschnitt K 6 laufende Nummer 18, Spalte 4 der Leistungs- und Kalkulationsaufstellung[75] je Berechnungstag.
Die Wahlleistung Unterkunft ist der Leistungsbereich, der den Krankenhäusern einen nennenswerten positiven Erfolgsbeitrag garantiert. Voraussetzung dafür ist jedoch, daß die Tagessätze für die Unterbringung in Einbett- und Zweibettzimmern so festgelegt werden, daß sie über den laut Bundespflegesatzverordnung zu berücksichtigenden Kosten liegen. Doch auch nach oben sind den Krankenhäusern für das Festlegen der Entgelte Grenzen gesetzt, denn diese müssen laut § 22 Abs. 1 BPflV „in einem angemessenen Verhältnis zu den Leistungen stehen".

Zu (3): *Erlöse aus sonstigen nichtärztlichen Wahlleistungen*
Hierzu gehören z. B. Patiententelefon, Fernsehen sowie die Unterbringung von Begleitpersonen.
Neben der Buchung der dem Krankenhaus zufließenden Erlöse ist auch hier zu beachten, daß die im Zusammenhang mit der Erbringung dieser Wahlleistungen entstehenden Kosten nicht pflegesatzfähig und bei der Budgetermittlung von den Gesamtkosten des Krankenhauses abzuziehen sind.
Die Differenzierung im Kontenplan des Krankenhauses ergibt sich aus der Struktur des Leistungsangebotes.

3.2.3 Erlöse aus ambulanten Leistungen des Krankenhauses (GuV-Posten 3)

Der Kontenrahmen laut Anlage 4 KHBV differenziert diesen GuV-Posten weiter in:
(1) Erlöse aus Krankenhausambulanzen (KUGr 420),
(2) Erlöse aus Chefarztambulanzen einschließlich Sachkosten (KUGr 421),
(3) Erlöse aus ambulanten Operationen nach § 115 b SGB V (KUGr 422).

---

75 Es handelt sich dabei um die sogenannten Basiskosten (Kostenarten, die durch den Basispflegesatz abgegolten werden) pro Tag vor Abzug der Kosten für die gesondert berechenbare Unterkunft.

Zu (1): *Erlöse aus Krankenhausambulanzen*
Hierzu zählt die **Notfallbehandlung,** die heute allgemein als Aufgabe des Krankenhauses angesehen wird und die in der überwiegenden Zahl der Dienstverträge mit den leitenden Ärzten auch als Dienstaufgabe genannt ist. Der Begriff der Notfallbehandlung zielt nicht nur auf die Dringlichkeit ärztlichen Handelns, sondern hat auch einen abrechnungstechnischen Inhalt im Sinne des Kassenarztrechts. Neben der Dringlichkeit ärztlichen Handelns ist der „abrechnungstechnische" Notfallbegriff dadurch geprägt, daß der behandelnde Arzt, ohne Kassenarzt oder ermächtigter Arzt zu sein, seine Leistung gegenüber der Kassenärztlichen Vereinigung abrechnen darf, und zwar nach den für Kassenärzten geltenden Grundsätzen. Das heißt, für die Abrechnung von Notfällen gelten die kassenärztlichen Gebührenordnungen auf der Grundlage des einheitlichen Bewertungsmaßstabes (EBM), und zwar der Bewertungsmaßstab für ärztliche Leistungen (BMÄ, gültig für die Primärkassen) und die Ersatzkassen-Gebührenordnung (EGO, gültig für die Ersatzkassen).
Werden ambulante ärztliche Leistungen durch das Krankenhaus abgerechnet, so wird die sich anhand der abgerechneten Gebühren ergebende Vergütung laut § 120 Abs. 3 SGB V um einen Investitionskostenabschlag in Höhe von 10 % gekürzt.[76]
Ermächtigungsambulanzen von Krankenhäusern sind selten. Kennzeichen einer Ermächtigung ist das Bedarfsprinzip, d. h., eine Ermächtigung zur Teilnahme an der kassenärztlichen Versorgung wird von der zuständigen Kassenärztlichen Vereinigung nur dann ausgesprochen, wenn die betreffenden Leistungen von Art und Umfang her nicht durch niedergelassene Ärzte erbracht werden können. Auch für Ermächtigungsambulanzen von Krankenhäusern gilt der 10 %ige Investitionskostenabschlag.
Zu den ambulanten Leistungen von Krankenhäusern zählen auch **Leistungen der Physikalischen Therapie.** Diese sind zwar keine ärztlichen Leistungen, sondern Heilmittel, die nicht von Ärzten und auch nicht unter laufender ärztlicher Aufsicht erbracht werden, aber es handelt sich im Sinne der Terminologie der KHBV um ambulante Leistungen des Krankenhauses. Der

---

76 Dieser Investitionskostenabschlag wird damit begründet, daß dem Krankenhaus Räume, Geräte und sonstige Einrichtungen zur Verfügung stehen, die durch Fördermittel finanziert sind. Diese Begründung ist jedoch fragwürdig, da die den Krankenhäusern zufließenden Mittel für die stationäre Behandlung gedacht sind. Das kommt auch durch die Bezugsgröße für die Höhe der laufenden (pauschalen) Förderung zum Ausdruck. Diese bezieht sich auf die Anzahl der Planbetten. Daneben wurden in der Vergangenheit Großgeräte vielfach nur mit dem Anteil gefördert, der den Leistungen für stationäre Patienten entsprach. Damit hat der Investitionskostenabschlag ebenfalls einen „politischen" Inhalt wie auch die Kostenabzüge für wahlärztliche Leistungen und die gesondert berechenbare Unterkunft.

Kontenplan differenziert hier in der Regel zwischen Leistungen, die gegenüber den Krankenkassen abgerechnet werden und solchen, bei denen die Rechnungsstellung gegenüber dem Patienten (Privatpatienten) erfolgt. Grundlage für die Rechnungsstellung sind entweder die Beträge des DKG-NT Teil S[77] oder aber Rahmenvereinbarungen zwischen Krankenhausgesellschaft und den zuständigen Kostenträgern (Krankenkassen).

Zu (2): *Erlöse aus Chefarztambulanzen einschließlich Sachkosten*
Der Kontenrahmen entspricht in diesem Punkt nicht mehr dem aktuellen Recht. In der Vergangenheit wurden an dieser Stelle Erlöse des Krankenhauses aus der Erbringung ärztlicher Sachleistungen[78] ausgewiesen. Inzwischen werden diese Erlöse unter GuV-Posten 4 (Nutzungsentgelte der Ärzte) gezeigt.

Zu (3): *Erlöse aus ambulanten Operationen nach § 115 b SGB V*
§ 115 b SGB V macht ambulante Operationen, die früher überwiegend zum Nebentätigkeitsbereich der leitenden Ärzte gehörten, ausdrücklich zur Krankenhausleistung, und zwar ohne daß es hierfür einer Ermächtigung oder dergleichen von seiten der Kassenärztlichen Vereinigung bedarf. Es reicht aus, wenn das Krankenhaus seine Bereitschaft, ambulante Operationen als Krankenhausleistung zu erbringen, der zuständigen Kassenärztlichen Vereinigung mitteilt und dabei ausgehend vom Katalog der ambulanten Operationen die Leistungen nennt, die es künftig ambulant erbringen will. Die Abrechnung von ambulanten Operationen setzt spezifische Abrechnungskenntnisse voraus, denn es sind nicht nur die Gebührennummern für die Operation und der Zuschlag für ambulantes Operieren[79], sondern daneben weitere allgemeine und diagnostische Leistungen, die erbracht werden, abrechenbar. Insofern ist für das Erstellen der patientenbezogenen Rechnungen die jeweilige Fachabteilung bzw. die entsprechende Ambulanz zustän-

---

77 Tarif der Deutschen Krankenhausgesellschaft für die Abrechnung erbrachter Leistungen und für die Kostenerstattung vom Arzt an das Krankenhaus
78 Für den Begriff der ärztlichen Sachleistungen gibt es keine offizielle Definition. Es handelt sich hierbei um technische Leistungen (z. B. Röntgenuntersuchungen, Laborleistungen, kardiologische Diagnostik und Ultraschalluntersuchungen). Laut § 368n RVO, der inzwischen nicht mehr in Kraft ist, hatten die Krankenhäuser gegenüber der zuständigen Kassenärztlichen Vereinigung einen orginären Abrechnungsanspruch im Hinblick auf den Kostenanteil, der für diese Leistungen von den Ärzten des Krankenhauses abgerechneten Vergütungen. Der § 368n RVO wurde abgelöst durch § 120 SGB V mit der Folge, daß Erlöse aus Sachkosten bzw. Sachkostenerstattungen nicht mehr als Leistungen des Krankenhauses, sondern als Teil der Nutzungsentgelte der Ärzte (GuV-Posten Nr. 4) ausgewiesen werden.
79 Mit diesem Zuschlag wird die Inanspruchnahme der OP-Einrichtung sowie die Vor- und Nachsorge abgegolten.

dig. Die nach außen gerichtete Abrechnung des Krankenhauses erfolgt gegenüber der zuständigen Kassenärztlichen Vereinigung durch die Verwaltung („Inkassostelle").

Ausgehend von der Differenzierung des Kontenrahmens empfiehlt es sich, im Kontenplan des Krankenhauses für jede Fachabteilung ein gesondertes Konto für die Erlöse aus ambulanten Operationen zu führen. Diese differenzierten Informationen sind unter anderem unverzichtbar für das Erstellen der Leistungs- und Kalkulationsaufstellung (LKA), die keine Kosten für ambulante Operationen enthalten darf, da diese nicht durch Budget und Pflegesätze, sondern durch Gebühren laut Gebührenordnung vergütet werden.

Im Kontenrahmen nicht vorgesehen, jedoch auch zu den ambulanten Leistungen des Krankenhauses gehörend, sind unter diesem GuV-Posten auch die Erlöse zu zeigen, die das Krankenhaus vereinnahmt aus der **Abrechnung von ambulanten Leistungen für stationäre Patienten anderer Krankenhäuser.** Der Ausweis unter dem GuV-Posten „Erlöse aus ambulanten Leistungen des Krankenhauses" beschränkt sich allerdings auf die Fälle, in denen das Erbringen solcher Leistungen zu den Dienstaufgaben der Ärzte, insbesondere der leitenden Ärzte, gehört. Das ist heute zunehmend üblich, insbesondere dann, wenn es sich um aufwendige diagnostische Leistungen (z. B. CT-Untersuchungen) handelt, bei denen primär die Einrichtung des Krankenhauses in Anspruch genommen wird und nicht die spezifischen Fähigkeiten des leitenden Arztes.

Im Kontenplan sollten die ambulanten Leistungen für stationäre Patienten anderer Krankenhäuser entsprechend den Fachabteilungen differenziert werden, die die Leistung erbringen.

3.2.4 Nutzungsentgelte der Ärzte (GuV-Posten 4)

Der Kontenrahmen differenziert die Nutzungsentgelte der Ärzte in folgende Kontenuntergruppen:

430 Nutzungsentgelte für wahlärztliche Leistungen,
431 Nutzungsentgelte für von Ärzten berechnete ambulante ärztliche Leistungen,
433 Nutzungsentgelte der Belegärzte,
434 Nutzungsentgelte für Gutachtertätigkeit u. ä.,
435 Nutzungsentgelte für die anteilige Abschreibung medizinisch-technischer Großgeräte.

Im Kontenplan empfiehlt sich innerhalb der Kontenuntergruppen jeweils eine Differenzierung nach liquidationsberechtigten Ärzten. Bei den Nutzungsentgelten für ambulante ärztliche Leistungen kann eine weitere Differenzierung nach Ambulanzarten, d. h. in Kassenambulanz, Privatambulanz und Durchgangsarztambulanz, hilfreich sein.

Unter Abschnitt 3.2.2 wurde darauf hingewiesen, daß die Inanspruchnahme **wahlärztlicher Leistungen** die Behandlung durch die in der Regel liquidationsberechtigten Ärzte des Krankenhauses bedeutet.

Die Rechnungslegung für die ärztlichen Leistungen richtet sich dabei nach den Vorschriften der GOÄ, die insbesondere eine 25 %ige Minderung der Gebühren vorsieht, weil ein Teil der Leistungen, der mit der Gebühr laut GOÄ abgegolten ist, durch das Krankenhaus erbracht wird und insofern mit dem Pflegesatz abgegolten ist.

Ausgehend vom ungekürzten Honorar (Bruttorechnungsbetrag) fließt dem liquidationsberechtigten Arzt also nur ein Teil als Bruttoliquidationseinnahme (Bruttohonorareinnahme) zu (derzeit 75 % der Bruttorechnungsbeträge). Von der Summe der Bruttohonorareinnahmen, die dem Arzt als Einnahme zufließen, leistet er das im Dienstvertrag vereinbarte Nutzungsentgelt. Das Nutzungsentgelt – ein Begriff aus dem Beamtenrecht – hat zwei Komponenten: die Kostenerstattung und den Vorteilsausgleich.

Die Kosten wahlärztlicher Leistungen[80] zählen laut § 7 Abs. 2 BPflV nicht zu den pflegesatzfähigen Kosten und sind beim Erstellen der Leistungs- und Kalkulationsaufstellung (LKA) von den Gesamtkosten abzuziehen.

Die Höhe des Kostenabzugs ergibt sich im Verhältnis zwischen Krankenhaus und Kostenträgern (Krankenkassen) anhand der Bestimmungen der Bundespflegesatzverordnung, und zwar nach § 7 Abs. 2 Nr. 4 und Nr. 5 BPflV.

Als Kosten wahlärztlicher Leistungen sind danach bei Neuverträgen und diesen vergleichbaren Rechtsverhältnissen zu berücksichtigen: [81]

- 40 v. H. der Gebühren, für die in den Abschnitten A, E, M, O und Q des Gebührenverzeichnisses der Gebührenordnung für Ärzte (GOÄ) genannten Leistungen und
- 20 v. H. der Gebühren für die in den übrigen Abschnitten der GOÄ genannten Leistungen.

Maßgebend für den Kostenabzug sind jeweils die Gebühren vor Berücksichtigung der Gebührenminderung nach § 6a Abs. 1 Satz 1 der GOÄ, d. h. zu-

---

80 Kosten wahlärztlicher Leistungen im kostenrechnerischen Sinne lassen sich nur schwer bzw. gar nicht ermitteln. Der Kostenabzug für wahlärztliche Leistungen ist eine „politische" Größe mit dem Ziel, Budget und Pflegesätze des Krankenhauses zu entlasten.

81 Als Neuverträge gelten Verträge, die nach dem 31.12.1992 geschlossen wurden. Als Neuverträgen vergleichbare Rechtsverhältnisse gelten die Fälle, in denen nicht der Arzt, sondern das Krankenhaus das Liquidationsrecht wahrnimmt und im Innenverhältnis den leitenden Arzt an den Liquidationserlösen beteiligt.

grunde zu legen sind für den Kostenabzug die Bruttorechnungsbeträge, nicht die Bruttohonorareinnahmen des Arztes.

Für sogenannte Altverträge, d. h. Dienstverträge, die vor dem 01. Januar 1993 geschlossen wurden, betragen die Kosten der wahlärztlichen Leistungen 85 v. H. des für diese Leistung zwischen dem Krankenhaus und dem Arzt vereinbarten oder aufgrund beamtenrechtlicher Vorschriften zu entrichtenden Nutzungsentgelts. Als Obergrenze für den Kostenabzug bei Altverträgen gelten die Kosten, die sich bei einer Berechnung entsprechend den für Neuverträge geltenden Vorschriften ergeben.

Es ist bei Neuverträgen üblich, zwischen Krankenhaus und Arzt die Kostenerstattung zu vereinbaren, die zwischen Krankenhaus und Kostenträgern (Krankenkassen) gilt, d. h. die dem Kostenabzug laut BPflV entspricht. Der darüber hinaus vereinbarte Vorteilsausgleich[82] bezieht sich entweder auf die Bruttohonorareinnahmen oder auf die Bruttohonorareinnahmen nach Abzug der Kostenerstattung, d. h. auf den Betrag, der für die Verteilung zwischen Arzt und Krankenhaus zur Verfügung steht.

Die von den liquidationsberechtigten Ärzten geleisteten Nutzungsentgelte sind aus der Sicht des Krankenhauses Erlöse aus Wahlleistungen. Insofern erscheint im Kontenplan des Krankenhauses eine Differenzierung nach liquidationsberechtigten Ärzten eine sinnvolle Mindestgliederung; bei Neuverträgen ist dabei eine Differenzierung in Kostenerstattung und Vorteilsausgleich sinnvoll.

Eine vollständige Erfassung der dem Krankenhaus zustehenden Erlöse setzt, bezogen auf jeden einzelnen liquidationsberechtigten Arzt, die Kenntnis der vertraglichen Abgaberegelungen und damit die Einsichtnahme in den Dienstvertrag voraus.

Losgelöst von möglichen Detailregelungen in den Dienstverträgen mit den leitenden Ärzten entsteht der Anspruch des Krankenhauses zeitlich mit dem Zahlungseingang der Bruttohonorareinnahmen beim liquidationsberechtigten Arzt. Probleme bei der zeitlichen Abgrenzung der dem Krankenhaus zustehenden Erlöse ergeben sich damit nicht, wenn die Ärzte ihre Bruttohonorareinnahmen zeitnah melden.[83]

Ambulante ärztliche Leistungen, die von Ärzten des Krankenhauses berechnet werden, gehören zum Nebentätigkeitsbereich dieser Ärzte. Die Ärzte nehmen bei der Erbringung dieser ambulanten ärztlichen Leistungen

---

82 Den Vorteilsausgleich leistet der liquidationsberechtigte Arzt dafür, daß er ohne eigene Investitionen und ohne eigenes Risiko zum Teil nennenswerte Einnahmen erzielen kann.

83 Der zur gesonderten Berechnung wahlärztlicher Leistungen berechtigte Arzt des Krankenhauses kann auch eine Abrechnungsstelle mit der Abrechnung der Vergütung der wahlärztlichen Leistungen beauftragen oder die Abrechnung dem Krankenhausträger überlassen.

Räume, Personal, Geräte und Material des Krankenhauses in Anspruch. Die im Zusammenhang mit der ambulanten Behandlung entstehenden Aufwendungen gehören nicht zu den pflegesatzfähigen Kosten, da diese ambulanten Leistungen keine Krankenhausleistungen im Sinne des § 2 BPflV darstellen. Die dem Krankenhaus entstehenden Kosten müssen mit Hilfe der von den Ärzten zu leistenden Nutzungsentgelte gedeckt werden.

Hinsichtlich der Kosten der ambulanten Behandlung ist zu beachten, daß hierzu nicht nur die laufenden Personal- und Sachkosten, sondern auch die investiven Kosten gehören.

Die von den Ärzten zu leistenden Nutzungsentgelte sind in deren Dienstverträgen mit dem Krankenhaus bzw. mit dem Krankenhausträger geregelt. Die Kostenerstattung kann sich dabei auf die mit Hilfe einer Ambulanzkostenrechnung[84] ermittelten Kosten beziehen oder aber einen bestimmten Anteil an der Vergütung der ärztlichen Leistungen betreffen. In diesem Fall ist die Kostenerstattung erlösorientiert und stellt letztlich auf eine Trennung der Vergütung für ärztliche Leistungen in Kostendeckungskomponente und Arztanteil ab. Diese kann grundsätzlich auf zwei Arten erfolgen:

(1) tarifbezogen, d. h. differenziert nach Einzelleistungen,

(2) pauschal, d. h. bezogen auf die Summe der Vergütungen für alle innerhalb eines Zeitraumes erbrachten bzw. abgerechneten Leistungen.

Grundlage für eine einzelleistungsbezogene Trennung von Kostendeckungskomponente und Arztanteil der Vergütung ist der Tarif der Deutschen Krankenhausgesellschaft, der DKG-NT.

Der DKG-NT liegt in zwei Bänden vor, und zwar als DKG-NT Band 1 für die auf Basis der GOÄ abgerechneten Leistungen und als Band 2 für Leistungen, die auf Basis der Kassenärztlichen Gebührenordnung (BMÄ oder EGO) der zuständigen Kassenärztlichen Vereinigung in Rechnung gestellt werden.

Bei einer pauschalierten Kostenerstattung wird die Vergütung für ambulante ärztliche Leistungen prozentual zwischen Arzt und Krankenhaus aufgeteilt. Der Arzt- bzw. Krankenhausanteil wird dabei üblicherweise differenziert nach Ambulanzarten. Dies deswegen, weil identische Leistungen je nach Ambulanzart unterschiedlich vergütet werden, ohne daß sich in der Kostenentstehung nennenswerte Unterschiede ergeben. Insofern ist auch in der Privatambulanz eher Raum für ein Nutzungsentgelt, das neben der Kostenerstattung auch einen Vorteilsausgleich beinhaltet, als in der Kassenambulanz mit einer deutlich knapperen Leistungsvergütung.

---

84 Zu Fragen der Ambulanzkostenrechnung vgl. Kehres, E.: Kosten und Kostendeckung der ambulanten Behandlung im Krankenhaus, Essen 1994

Die sachlich richtige Erfassung und Buchung der Nutzungsentgelte für von Ärzten berechnete ambulante ärztliche Leistungen setzt die Kenntnis der vertraglichen Regelungen in den Dienstverträgen mit den Ärzten voraus. Hinsichtlich der zeitlichen Abgrenzung wird in der Regel so verfahren, daß für die Kassenambulanzen für das jeweilige Geschäftsjahr die ersten drei Quartalsabrechnungen und die letzte Quartalsabrechnung des Vorjahres Berücksichtigung finden. Bei den übrigen Ambulanzarten ist eine zeitnahe Erfassung und Buchung einnahmeorientierter Nutzungsentgelte unproblematisch. Soweit Nutzungsentgelte auf Basis einer Ambulanzkostenrechnung zu leisten sind, muß sichergestellt werden, daß diese zeitnah erstellt und die entsprechenden Nutzungsentgelte in Rechnung gestellt werden.[85]

Nutzungsentgelte der Belegärzte betreffen insbesondere die Inanspruchnahme von Personal im Zusammenhang mit dem Erbringen von belegärztlichen Leistungen. Ausgehend von den Leistungen der Belegärzte (vgl. § 23 BPflV) kommen hierfür der ärztliche Bereitschaftsdienst für Belegpatienten und die vom Belegarzt veranlaßten Leistungen nachgeordneter Ärzte des Krankenhauses, die bei der Behandlung der Belegpatienten in demselben Fachgebiet wie der Belegarzt tätig werden, in Frage.

Nutzungsentgelte für Gutachtertätigkeit werden in den Dienstverträgen mit den nebentätigkeitsberechtigten Ärzten fast ausschließlich einnahmeorientiert vereinbart.

Die Abrechnung von Gutachten erfolgt überwiegend nicht im Rahmen von Gebührenordnungen. Das Berechnen bzw. Vereinbaren von tarifbezogenen Kostenerstattungen ist insofern nur bei technischen Leistungen (vor allem Röntgenuntersuchungen), die im Rahmen des Gutachtens erbracht werden, möglich. Der Krankenhausanteil am Gutachterhonorar kann nur pauschaliert werden. Teilweise werden Schreibgebühren gesondert in Rechnung gestellt, so daß dieser Vergütungsbestandteil dem Krankenhaus zufließen kann, sofern für die Schreibarbeit Krankenhauspersonal in Anspruch genommen wird.

Nutzungsentgelte für die anteilige Abschreibung medizinsch-technischer Großgeräte betreffen den Teil der Abschreibungen, der nicht durch Fördermittel gedeckt wird, weil er nicht die stationäre Behandlung der Patienten des Krankenhauses betrifft.

Wie oben bereits festgestellt, gehören auch die investiven Kosten zu den Kosten der ambulanten Behandlung. Eine Trennung zwischen laufenden Kosten und investiven Kosten wird bei der vertraglichen Vereinbarung über das Nutzungsentgelt selten vorgenommen, so daß ein gesonderter buchmäßiger Ausweis dieser Kostenerstattungskomponente meist nicht möglich ist, es sei denn über eine fiktive rechnerische Aufteilung der Kostenerstattung.

---

85 In diesen Fällen werden meist Abschlagszahlungen vereinbart, so daß das Ergebnis der Ambulanzkostenrechnung Grundlage der Schlußabrechnung ist.

3.2.5 Erhöhung oder Verminderung des Bestandes an fertigen und unfertigen Erzeugnissen/unfertigen Leistungen (GuV-Posten 5)

Krankenhäuser als Dienstleistungsbetriebe fertigen keine Erzeugnisse[86]. Unfertige Leistungen gibt es bei Patienten, deren Behandlung über Fallpauschalen vergütet wird, insbesondere bei der zeitlichen Abgrenzung der entsprechenden Erträge (vgl. Abschnitt 2.2.3.2).

3.2.6 Andere aktivierte Eigenleistungen (GuV-Posten 6)

Der Kontenrahmen laut Anlage 4 KHBV sieht im Zusammenhang mit den GuV-Posten 5 und 6 die Kontengruppe 5 Bestandsveränderungen und andere aktivierte Eigenleistungen vor, bei der in folgende Untergruppen differenziert wird:

550 Bestandsveränderungen der fertigen und unfertigen Erzeugnisse,
551 Bestandsveränderungen der unfertigen Leistungen,
552 andere aktivierte Eigenleistungen.

Die Kontenuntergruppen 550 und 551 betreffen den GuV-Posten 5 (Erhöhung oder Verminderung des Bestandes an fertigen und unfertigen Erzeugnissen/unfertigen Leistungen), bei dem in Krankenhäusern in der Regel kein Ausweis zu erwarten ist.

„Andere aktivierte Eigenleistungen" kommen auch bei Krankenhäusern in Frage, und zwar im Zusammenhang mit Leistungen der hauseigenen Handwerker oder Techniker.

Soweit derartige Leistungen aktivierungspflichtig sind, sind sie mit Herstellungskosten (vgl. § 255 Abs. 2 HGB) zu bewerten.

Laut § 255 Abs. 2 HGB sind Herstellungskosten „die Aufwendungen, die durch den Verbrauch von Gütern und die Inanspruchnahme von Diensten für die Herstellung eines Vermögensgegenstands, seine Erweiterung oder für eine über seinen ursprünglichen Zustand hinausgehende wesentliche Verbesserung entstehen. Dazu gehören die Materialkosten, die Fertigungskosten und die Sonderkosten der Fertigung. Bei der Berechnung der Herstellungskosten dürfen auch angemessene Teile der notwendigen Materialgemeinkosten, der notwendigen Fertigungsgemeinkosten und des Wertverzehrs des Anlagevermögens, soweit er durch die Fertigung veranlaßt ist, eingerechnet werden. Kosten der allgemeinen Verwaltung sowie Aufwendungen für so-

---

86 Allenfalls Arzneimittel aus der Eigenherstellung von Krankenhausapotheken (insbesondere Infusionslösungen) können unter diesen GuV-Posten fallen.

ziale Einrichtungen des Betriebs, für freiwillige soziale Leistungen und für betriebliche Altersversorgungen brauchen nicht eingerechnet zu werden. Aufwendungen im Sinne der Sätze 3 und 4 dürfen nur insoweit berücksichtigt werden, als sie auf den Zeitraum der Herstellung entfallen. Vertriebskosten dürfen nicht in die Herstellungskosten einbezogen werden."
Die in der Legaldefinition der Herstellungskosten verwendeten Begriffe sind Begriffe aus der Kostenrechnung. Das bedeutet, daß Herstellungskosten nach kostenrechnerischen Grundsätzen ermittelt werden, dabei jedoch daraufhin zu überprüfen sind, ob sie den Bilanzierungsgrundsätzen, insbesondere dem Vorsichtsprinzip, genügen.
Bei den im Krankenhaus vorkommenden zu aktivierenden Eigenleistungen kommt es überwiegend auf die Abgrenzung der im Steuerrecht benutzten Begriffe „Herstellungsaufwand" und „Erhaltungsaufwand" an.
Erhaltungsaufwand ist dabei der Aufwand für die laufende Instandhaltung. Er ist insofern Voraussetzung dafür, daß die geschätzte Nutzungsdauer von Anlagegegenständen erreicht wird. Erhaltungsaufwand ist laufender Aufwand des Geschäftsjahres und geht in vollem Umfang in die Erfolgsrechnung ein.
Herstellungsaufwand liegt dann vor, wenn ein Wirtschaftsgut in seiner Substanz vermehrt oder in seiner Wesensart oder in seinem Zustand wesentlich geändert wird. Herstellungsaufwand führt zu einer qualitativen Verbesserung und in der Regel zu einer Verlängerung der Nutzungsdauer eines Anlagegutes. Er ist daher zu aktivieren und mit Hilfe von Abschreibungen auf die Restnutzungsdauer des Anlagegutes zu verteilen. Die Erfolgsrechnung des laufenden Geschäftsjahres wird insofern nur mit den anteiligen Abschreibungen und nicht mit dem gesamten Herstellungsaufwand belastet.
Da aktivierte Eigenleistungen in Krankenhäusern auch von ihrem Volumen her nur eine untergeordnete Bedeutung haben, kann sich der kalkulatorische Aufwand zur Ermittlung der Herstellungskosten in Grenzen halten; sie werden kostenrechnerisch gesehen in einer Nebenrechnung ermittelt.
Da gemeinnützige Krankenhäuser, auf die sich die vorliegende Betrachtung konzentriert, keine gewinnabhängigen Steuern zahlen, kommt der Abgrenzung von Herstellungs- und Erhaltungsaufwand[87] im Zusammenhang mit der Gewinnermittlung keine Bedeutung zu. Zu beachten ist jedoch die duale Finanzierung der Krankenhäuser, mit der Folge, daß Erhaltungsaufwand über Budget und Pflegesätze gedeckt wird und die aktivierten Herstellungsaufwendungen den investiven Bereich und damit Fördermittel oder entspre-

---

87 Vgl. Bofinger, W.: Verordnung über die Rechnungs- und Buchführungspflichten von Krankenhäusern (Krankenhausbuchführungsverordnung KHBV), Kommentar, Anhang zum Musterkontenplan, Abschnitt 01, Nr. 5, in: Dietz, O., Bofinger, W.: Krankenhausfinanzierungsgesetz, Bundespflegesatzverordnung und Folgerecht, Kommentar, Wiesbaden, Stand: 21. Nachlieferung November 1996

chende Eigenmittel des Krankenhauses bzw. Krankenhausträgers betreffen. Entsprechend dem System der dualen Finanzierung werden die budget- bzw. pflegesatzfähigen Kosten in Höhe des Herstellungsaufwandes entlastet. Die Aktivierung bedeutet einen Anlagenzugang, der entsprechend seiner Finanzierung (Fördermittel oder Eigenmittel) zu bilanzieren ist.

3.2.7 Zuweisungen und Zuschüsse der öffentlichen Hand, soweit nicht unter 11 (GuV-Posten 7)

Dieser Bilanzposten betrifft die Kontenuntergruppe 472 (Zuweisungen und Zuschüsse der öffentlichen Hand zur Finanzierung laufender Aufwendungen).

Laufende Aufwendungen des Krankenhauses werden üblicherweise über Budget und Pflegesätze gedeckt. Zuschüsse der öffentlichen Hand in diesem Bereich stellen daher eine Ausnahme dar. Sie können z. B. den Erhaltungsaufwand betreffen, wenn hierfür die in Form von Budget und Pflegesätzen zur Verfügung stehenden Mittel nicht ausreichen.

3.2.8 Sonstige betriebliche Erträge (GuV-Posten 8)

Entsprechend der Gliederung der GuV sind unter diesem Posten verschiedene Kontengruppen bzw. Kontenuntergruppen auszuweisen. Unter Berücksichtigung der Differenzierung im Kontenrahmen lt. KHBV hat dieser GuV-Posten folgenden Inhalt:

Gruppe	Untergruppe	Inhalt
44		**Rückvergütungen, Vergütungen und Sachbezüge**
	440	Erstattungen des Personals für freie Stationen
	441	Erstattungen des Personals für Unterkunft
	442	Erstattungen des Personals für Verpflegung
	443	Erstattungen des Personals für sonstige Leistungen
45		**Erträge aus Hilfs- und Nebenbetrieben, Notarztdienst**
	450	aus Hilfsbetrieben
	451	aus Nebenbetrieben
	452	aus der Bereitstellung von Krankenhausärzten für den Notarztdienst

Gruppe	Untergruppe	Inhalt
47		**Zuweisungen und Zuschüsse der öffentlichen Hand sowie Zuwendungen Dritter**
	473	Zuwendungen Dritter zur Finanzierung laufende Aufwendungen
52		**Erträge aus dem Abgang von Gegenständen des Anlagevermögens und aus Zuschreibungen zu Gegenständen des Anlagevermögens**
	520	Sachanlagevermögen
54		**Erträge aus der Auflösung von Rückstellungen**
57		**Sonstige ordentliche Erträge**
58		**Erträge aus Ausgleichsbeträgen früherer Geschäftsjahre**
59		**Übrige Erträge**[88]
	591	Periodenfremde Erträge
	592	Spenden u. ä. Zuwendungen

3.3 Aufwendungen

3.3.1 Personalaufwand (GuV-Posten 9)

Die Gliederung der **Gewinn- und Verlustrechnung** differenziert beim Personalaufwand in
a) Löhne und Gehälter (KGr. 60, 64),
b) soziale Abgaben und Aufwendungen für Altersversorgung und für Unterstützung (KGr. 61 bis 63).

Der **Kontenrahmen** laut Anlage 4 der KHBV differenziert bei der Erfassung der Personalaufwendungen in folgende Kontengruppen:
60 Löhne und Gehälter,
61 gesetzliche Sozialabgaben,
62 Aufwendungen für Altersversorgung,
63 Aufwendungen für Beihilfen und Unterstützung,
64 Sonstige Personalaufwendungen.

---

88 Die Kontenuntergruppe 590 (außerordentliche Erträge) betrifft den GuV-Posten 28 (außerordentliche Erträge).

Löhne und Gehälter umfassen auch Vergütungen für Überstunden, Bereitschaftsdienst und Rufbereitschaft, Zeitzuschläge, Sachbezüge[89] für freie Unterkunft und Verpflegung sowie Gestellungsgelder.

Bereitschaftsdienst liegt vor, wenn der Arbeitnehmer sich auf Anordnung des Arbeitgebers außerhalb der regelmäßigen Arbeitszeit an einer vom Arbeitgeber bestimmten Stelle aufhält, um im Bedarfsfall die Arbeit aufzunehmen. Der Arbeitgeber darf Bereitschaftsdienst nur anordnen, wenn zu erwarten ist, daß zwar Arbeit anfällt, erfahrungsgemäß aber die Zeit ohne Arbeitsleistung überwiegt.

Entsprechend den Sonderregelungen für Angestellte in Kranken-, Heil-, Pflege- und Entbindungsanstalten sowie in sonstigen Anstalten und Heimen, in denen die betreuten Personen in ärztlicher Behandlung stehen (SR 2a BAT), wird die Zeit des Bereitschaftsdienstes einschließlich der geleisteten Arbeit wie folgt als Arbeitszeit bewertet:

Nach dem Maß der während des Bereitschaftsdienstes erfahrungsgemäß durchschnittlich anfallenden Arbeitsleistungen gilt die Zeit des Bereitschaftsdienstes wie folgt als Arbeitszeit:

Stufe	Arbeitsleistung innerhalb des Bereitschaftsdienstes	Bewertung als Arbeitszeit
A	0 – 10 %	15 %
B	mehr als 10 – 25 %	25 %
C	mehr als 25 – 40 %	40 %
D	mehr als 40 – 49 %	55 %

Entsprechend der Zahl der je Kalendermonat geleisteten Bereitschaftsdienste wird die Zeit eines jeden Bereitschaftsdienstes **zusätzlich** wie folgt als Arbeitszeit gewertet:

Zahl der Bereitschaftsdienste Kalendermonat	Bewertung als Arbeitszeit
1. – 8. Bereitschaftsdienst	25 %
9. – 12. Bereitschaftsdienst	35 %
13. und folgende Bereitschaftsdienste	45 %

Da entsprechend den tariflichen Bestimmungen die Zahl der zulässigen Bereitschaftsdienste begrenzt ist, werden in der Regel 25 % der geleisteten Bereitschaftsdienstzeiten zusätzlich als Arbeitszeit gewertet. **Insgesamt** ergibt sich demnach folgende Bewertung als Arbeitszeit:

---

89 Vgl. § 8 Abs. 2 EStG, § 17 SGB IV

Bereitschaftsdienststufe	Bewertung als Arbeitszeit
A	40 %
B	50 %
C	65 %
D	80 %

Für die in dieser Weise errechnete Arbeitszeit wird die Überstundenvergütung gezahlt.

Ist ein Mitarbeiter verpflichtet, sich auf Anordnung des Arbeitgebers außerhalb der regelmäßigen Arbeitszeit an einer dem Arbeitgeber anzuzeigenden Stelle aufzuhalten, um auf Abruf die Arbeit aufzunehmen, so liegt **Rufbereitschaft** vor. Der Arbeitgeber darf Rufbereitschaft nur anordnen, wenn erfahrungsgemäß lediglich in Ausnahmefällen Arbeit anfällt.

Die Zeit der Rufbereitschaft wird mit 12,5 % als Arbeitszeit gewertet und mit der Überstundenvergütung entgolten. Für anfallende Arbeit einschließlich einer etwaigen Wegezeit wird daneben die Überstundenvergütung gezahlt. Die Vergütung kann durch Nebenabrede zum Arbeitsvertrag pauschaliert werden.

Da in Krankenhäusern, insbesondere im Pflegedienst, auch an Sonn- und Feiertagen sowie nachts gearbeitet wird, fallen entsprechend den tarifrechtlichen Bestimmungen **Zeitzuschläge** an, die der Aufwandsart Löhne und Gehälter zuzuordnen sind.

Der Wert der freien Unterkunft (Verpflegung und Wohnung) stellt einen Sachbezug im Sinne des § 8 Abs. 2 Einkommensteuergesetz dar und ist entsprechend der Sachbezugsverordnung zu bewerten und unter der Position Löhne und Gehälter auszuweisen.

Gestellungsgelder sind Vergütungen für Leistungen, insbesondere von Angehörigen von Ordensgemeinschaften, die dem Träger des Ordens zufließen.

Aufwendungen für fremdes Personal und Kosten für Fremdleistungen sind als Sachkosten bei der entsprechenden Kontengruppe zu buchen.

Zu den **gesetzlichen Sozialabgaben** gehören die Arbeitgeberanteile zur Kranken-, Renten- und Arbeitslosenversicherung sowie die Beiträge zur gesetzlichen Unfallversicherung. Die entsprechenden, in ihrer Höhe gesetzlich festgelegten Arbeitnehmeranteile sind als Löhne und Gehälter zu behandeln, wenn sie ganz oder teilweise vom Arbeitgeber übernommen werden.

Aufwendungen für Altersversorgung sind Beiträge zu Ruhegehalts- und Zusatzversorgungskassen sowie anderen Versorgungseinrichtungen. Außerdem gehören Ruhegehälter für ehemalige Mitarbeiter des Krankenhauses zu den Aufwendungen für Altersversorgung.

Zu den **Aufwendungen für Beihilfen und Unterstützungen** zählen Beihilfen und Unterstützungen für Mitarbeiter sowie Hinterbliebene.
Sonstige Personalaufwendungen sind z. B. Erstattungen von Fahrtkosten zum Arbeitsplatz und freiwillige soziale Leistungen an Mitarbeiter.
Innerhalb der Kontengruppen für den Personalaufwand wird jeweils nach **Dienstarten** (Personalgruppen) gegliedert.
Es werden unterschieden:

- Pflegedienst,
- Medizinisch-technischer Dienst,
- Funktionsdienst,
- Klinisches Hauspersonal,
- Wirtschafts- und Versorgungsdienst,
- Technischer Dienst,
- Verwaltungsdienst,
- Sonderdienste,
- Personal der Ausbildungsstätten,
- sonstiges Personal.

Welche Mitarbeiter des Krankenhauses den verschiedenen Personalgruppen bzw. Dienstarten zuzuordnen sind, ergibt sich ebenfalls aus dem Kontenrahmen (vgl. Anhang 1).
Die Erfassung des Personalaufwandes entsprechend den verschiedenen Aufwandsarten und innerhalb der Aufwandsarten, differenziert nach Personalgruppen bzw. Dienstarten, erfolgt mitarbeiterbezogen in der Personalabrechnung, einer der Nebenbuchhaltungen des Krankenhauses. Die hierfür zur Verfügung stehenden EDV-Programme ermöglichen, trotz der sich aus der Rund-um-die-Uhr-Besetzung in verschiedenen Leistungsbereichen des Krankenhauses ergebenden Abrechnungsprobleme, eine zuverlässige Abrechnung differenziert nach Mitarbeitern und Kostenarten. Problematischer gestaltet sich teilweise die Zuordnung der Personalaufwendungen zu den verschiedenen Leistungsbereichen bzw. Kostenstellen im Rahmen der Kostenstellenrechnung. Hierbei ist nicht nur ein entsprechend aufgebauter Kostenstellenplan von Bedeutung, sondern die Kostenstellenzuordnung der Mitarbeiter bedarf einer laufenden „Pflege".[90]
Die Buchungen im Zusammenhang mit der Personalabrechnung werden im folgenden anhand eines vereinfachten Beispiels dargestellt.

---

90 Vgl. Hentze, J., Kehres, E.: Kosten- und Leistungsrechnung in Krankenhäusern, 3. Auflage, Köln 1996, S. 60 ff. und S. 70 ff.

Daten laut Gehaltsliste:	DM
Bruttogehälter:	2.570.000,–
Lohnsteuer:	650.000,–
Kirchensteuer:	50.000,–
Sozialversicherung (Arbeitnehmeranteil):	360.000,–
Gesamtabzüge:	1.060.000,–
Nettogehälter:	1.510.000,–
Arbeitgeberanteil zur Sozialversicherung:	360.000,–

Buchungen:

(1) Bei Auszahlung der Gehälter:

60	Löhne und Gehälter	2.570.000	
an	140 Bank		1.510.000
an	3741 Verbindlichkeiten gegenüber Sozialversicherungsträgern		360.000
an	3742 Verbindlichkeiten gegenüber Finanzbehörden		700.000

(2) Arbeitgeberanteil zur Sozialversicherung:

61	Gesetzliche Sozialabgaben	360.000	
an	3741 Verbindlichkeiten gegenüber Sozialversicherungsträgern		360.000

(3) Überweisung der Lohn- und Kirchensteuer an das Finanzamt:

3742	Verbindlichkeiten gegenüber Finanzbehörde	700.000	
an	140 Bank		700.000

(4) Überweisung der Sozialversicherungsbeiträge an die Krankenkasse:

3741	Verbindlichkeiten gegenüber Sozialversicherungsträgern	720.000	
an	140 Bank		720.000

3.2.2 Materialaufwand (GuV-Posten 10)

Die Gliederung der Gewinn- und Verlustrechnung differenziert diesen Posten in:

a) Aufwendungen für Roh-, Hilfs- und Betriebsstoffe,
b) Aufwendungen für bezogene Leistungen.

In der folgenden Übersicht wird die Beziehung hergestellt zwischen den Kontengruppen, Kontenuntergruppen sowie Konten lt. Kontenrahmen und der Gliederung des Materialaufwands in der GuV.

Gruppe	Unter-gruppe	Konto	Inhalt	Zuordnung in der GuV
65			**Lebensmittel und bezogene Leistungen**	
	650		Lebensmittel	a)
	651		Bezogene Leistungen	b)
66			**Medizinischer Bedarf**	
		6600	Arzneimittel (außer Implantate und Dialysebedarf)	a)
		6601	Kosten der Lieferapotheke	b)
		6602	Blut, Blutkonserven, Blutplasma	a)
		6603	Verbandmittel, Heil- und Hilfsmittel	a)
		6604	Ärztliches und pflegerisches Verbrauchsmaterial, Instrumente	a)
		6606	Narkose- und sonstiger OP-Bedarf	a)
		6607	Bedarf für Röntgen- und Nuklearmedizin	a)
		6608	Laborbedarf	a)
		6609	Untersuchungen in fremden Instituten	b)
		6610	Bedarf für EKG, EEG, Sonographie	a)
		6611	Bedarf der physikalischen Therapie	a)
		6612	Apothekenbedarf, Desinfektionsmaterial	a)
		6613	Implantate	a)
		6614	Transplantate	a)
		6615	Dialysebedarf	a)
		6616	Kosten für Krankentransporte (soweit nicht Durchlaufposten)	b)
		6617	Sonstiger medizinischer Bedarf	a), b)
		6618	Honorare für nicht im Krankenhaus angestellte Ärzte sind in der Gewinn- und Verlustrechnung der Nr. 10 Buchstabe b zuzuordnen. In der Leistungs- und Kalkulationsaufstellung werden diese Aufwendungen unter dem "sonstigen medizinschen Bedarf" ausgewiesen.	b)
67			**Wasser, Energie, Brennstoffe**	a)

Gruppe	Unter- gruppe	Konto	Inhalt	Zuordnung in der GuV
68			**Wirtschaftsbedarf**	
	680		Materialaufwendungen	a)
	681		Bezogene Leistungen	b)
71			**Wiederbeschaffte Gebrauchsgüter** (**soweit Festwerte gebildet wurden**)	a)

Die Art der **Buchung des Materialaufwands** hängt davon ab, ob für die entsprechende Aufwandsart eine Lagerrechnung (Lagerbuchhaltung)[92] vorgesehen ist. Ist dies der Fall, so lautet die grundsätzliche Buchung:

Aufwand
  an Vorräte (Untergruppe 10)

Ohne Lagerbuchhaltung wird gebucht:

Aufwand
  an Verbindlichkeiten aus Lieferungen und Leistungen (KGr 32)
oder
Aufwand
  an   Guthaben bei Kreditinstituten (KGr 13)

Im Kontenplan des Krankenhauses können die Aufwandsarten innerhalb des Medizinischen Bedarfs weiter differenziert werden:
Die **Kosten der Lieferapotheke** betreffen die Belieferung des Krankenhauses mit Arzneimitteln, die in der Apothekenbetriebsordnung vorgeschriebenen Kontrollen der Bestände an Arzneimitteln und sonstigen apothekenpflichtigen Artikeln auf den Stationen und sonstigen „Teileinheiten" des Krankenhauses (z. B. OP, Röntgendiagnostik, Labor) sowie die Teilnahme an den Sitzungen der Arzneimittelkommission.
In der GuV wird nach dem Posten 10 (Materialaufwand) ein Zwischenergebnis ausgewiesen, dessen Aussagekraft dadurch beeinträchtigt wird, daß die „sonstigen betrieblichen Aufwendungen" (GuV-Posten 21)[92] noch nicht berücksichtigt sind, obwohl sie in der Systematik der Leistungs- und Kalkulationsaufstellung (LKA), die Grundlage für die Budgetverhandlung

---

91 Vgl. Abschnitt 2.2.2.2
92 Vgl. Abschnitt 3.2.13

ist, zusammen mit dem Materialaufwand den Block der „Sachkosten" bilden, die insgesamt rd. 30 % der laufenden Kosten des Krankenhauses ausmachen.[93]

Aufwandsart	Differenzierung nach ...
Arzneimittel	Indikationsgruppen (z.B. Antibiotika, Zytostatika...)
Blut, Blutkonserven und Blutplasma	Blut, Blutkonserven und Blutplasma
Bedarf für Röntgen und Nuklearmedizin	Röntgenfilme, Entwickler und Fixierer, Kontrastmittel, Katheter und Führungsdrähte, Sonstiges
Narkose- und sonstiger OP-Bedarf	Arzneimittel für Anästhesie; Katheter, Infusionsbestecke, Kanülen; Nahtmaterial; Klammergeräte; Skalpelle; übriger Narkose- und OP-Bedarf
Bedarf EKG, EEG, Sonographie	EKG, EEG, Sonographie, Sonstiges
Implantate	Arten der Implantate (z.B. Hüft-Endoprothesen, Knie-Endoprothesen, Herzschrittmacher, Linsen für KataraktOperationen)
Sonstiger medizinischer Bedarf	Honorare für nicht am Krankenhaus angestellte Ärzte, übriger sonstiger medizinischer Bedarf

3.3.3 GuV-Posten zur Neutralisierung investiver Aufwendungen und Erträge (GuV-Posten 11 bis 19)

Die duale Finanzierung, d. h. die Deckung der „laufenden" Kosten der Krankenhäuser durch Budget und Pflegesätze und die Finanzierung der Investitionen durch Fördermittel, ist ein Charakteristikum der Krankenhausfinanzierung.

Die spezifischen Vorschriften der KHBV zur Buchung und Bilanzierung aller Geschäftsvorfälle, die den investiven Bereich betreffen, stellen darauf ab, das wirtschaftliche Ergebnis des Krankenhauses durch Vorgänge im investiven Bereich nicht zu beeinflussen.

---

93 Auf die Personalaufwendungen entfallen rd. 70 % der lfd. Aufwendungen.

Dieses Ziel wird dadurch erreicht, daß bestimmte Passivposten[94] erfolgswirksam gebildet und aufgelöst werden, um
- Erträge aus Fördermitteln, die dem Krankenhaus zugeflossen sind,
- Abschreibungen auf Gegenstände des Anlagevermögens,
- Differenzen zwischen Zinsen und Abschreibungen auf der einen und Darlehensförderung (Kapitaldienst) auf der anderen Seite

in der Erfolgsrechnung zu neutralisieren.

Auf die verschiedenen Buchungen wurde bei den entsprechenden Bilanzposten bereits eingegangen, insbesondere in den Abschnitten 2.2.3.4 und 2.3.2.

a) Erträge aus Zuwendungen zur Finanzierung von Investitionen (GuV-Posten 11)

Laut Zuordnungsvorschrift der GuV werden folgende Kontengruppen bzw. Kontenuntergruppen laut Kontenrahmen unter diesem GuV-Posten zusammengefaßt:

Gruppe	Untergruppe	Inhalt
46		**Erträge aus Fördermitteln nach dem KHG**
	460	Fördermittel, die zu passivieren sind
	461	Sonstige Fördermittel
47		**Zuweisungen und Zuschüsse der öffentlichen Hand sowie Zuwendungen Dritter**
	470	Zuweisungen und Zuschüsse der öffentlichen Hand zur Finanzierung von Investitionen (soweit nicht unter 4.6)
	471	Zuwendungen Dritter zur Finanzierung von Investitionen

Auf diesen Konten erfolgen die Ertragsbuchungen beim Zufluß von Fördermitteln[95] oder sonstigen Mitteln zur Finanzierung von Investitionen.

---

94 Teilweise auch Aktivposten
95 Die Ertragsbuchung für Fördermittel erfolgt bereits beim Eingehen des Bewilligungsbescheides (vgl. Abschnitt 2.2.3.4). Soweit bei der übrigen Investitionsfinanzierung (Zuweisungen und Zuschüsse der öffentlichen Hand, Zuwendungen Dritter) die Voraussetzungen zum Einstellen einer Forderung gegeben sind, erfolgt auch hier eine Buchung „Forderungen an Erträge".

119

b) Erträge aus der Einstellung von Ausgleichsposten aus Darlehensförderung und für Eigenmittelförderung (GuV-Posten 12)

Der Kontenrahmen laut KHBV sieht für die Kontengruppe 48 Erträge aus der Einstellung von Ausgleichsposten aus Darlehensförderung und für Eigenmittelförderung keine weitere Differenzierung vor. Der Kontenplan des Krankenhauses sollte jedoch, sofern erforderlich, unterscheiden in:

480 Erträge aus der Einstellung von Ausgleichsposten aus Darlehensförderung,

481 Erträge aus der Einstellung von Ausgleichsposten für Eigenmittelförderung.

Hinsichtlich des sachlichen Inhaltes und der Buchungssätze wird auf Abschnitt 2.2.6 verwiesen.

c) Erträge aus der Auflösung von Sonderposten/Verbindlichkeiten nach dem KHG und aufgrund sonstiger Zuwendungen zur Finanzierung des Sachanlagevermögens (GuV-Posten 13)

Unter diesem GuV-Posten werden zusammengefaßt:

490 Erträge aus der Auflösung von Sonderposten aus Fördermitteln nach dem KHG, zweckentsprechend verwendet,

491 Erträge aus der Auflösung von Sonderposten aus Zuweisungen und Zuschüssen der öffentlichen Hand.

Die Erträge aus der Auflösung von Sonderposten dienen der Neutralisierung von Abschreibungen (vgl. Abschnitt 2.2.3.4 und Abschnitt 2.3.2).

d) Erträge aus der Auflösung des Ausgleichspostens für Darlehensförderung (GuV-Posten 14)

Der Inhalt dieses GuV-Postens entspricht dem der Kontenuntergruppe 492 (Erträge aus der Auflösung von Ausgleichsposten aus Darlehensförderung). Hinsichtlich Inhalt und Buchung wird auf Abschnitt 2.2.6 verwiesen.

e) Aufwendungen aus der Zuführung von Sonderposten/Verbindlichkeiten nach dem KHG und aufgrund sonstiger Zuwendungen zur Finanzierung des Sachanlagevermögens

Diese GuV-Konten betreffen:

752 Zuführungen der Fördermittel nach dem KHG zu Sonderposten oder Verbindlichkeiten,

754 Zuführung von Zuweisungen oder Zuschüssen der öffentlichen Hand zu Sonderposten oder Verbindlichkeiten (soweit nicht unter Kontenuntergruppe 752),

755 Zuführung der Nutzungsentgelte aus anteiligen Abschreibungen medizinisch-technischer Großgeräte zu Verbindlichkeiten nach dem
KHG.

Das erfolgswirksame Einstellen von Forderungen bzw. das erfolgswirksame
Vereinnahmen von investiven Mitteln wird neutralisiert durch das auf-
wandswirksame Passivieren der entsprechenden Mittel (vgl. Abschnitt
2.2.3.4).

*f) Aufwendungen aus der Zuführung zu Ausgleichsposten aus Darlehens-
förderung (GuV-Posten 16)*

Der Inhalt des GuV-Postens entspricht Kontenuntergruppe 753 (Zuführung
von Ausgleichsposten aus Darlehensförderung).
Hinsichtlich Inhalt und Buchung wird auf Abschnitt 2.2.6 verwiesen.
In den Jahren 1993 bis 1996 bestand für diese krankenhausspezifischen Instandhaltungskosten im Sinne des § 4 Abgrenzungsverordnung eine Finan-
zierungslücke, die für 1997 durch das zweite Neuordnungsgesetz geschlossen worden ist.[96]
Aufgrund dieser Situation werden unter GuV-Posten 18 derzeit keine Beträge ausgewiesen.

*g) Aufwendungen aus der Auflösung der Ausgleichsposten aus Darlehens-
förderung und für Eigenmittelförderung*

Dieser GuV-Posten betrifft die Kontenuntergruppen 750 (Auflösung des
Ausgleichspostens aus Darlehensförderung) und 751 (Auflösung des Ausgleichspostens für Eigenmittelförderung).
Die beiden Aufwandsposten dienen der Neutralisierung von Erträgen, die
dadurch entstehen, daß die Förderung von Darlehen zur Finanzierung von
Gegenständen des Anlagevermögens größer ist als die Aufwendungen aus
der Abschreibung dieser Anlagegüter (vgl. hierzu Abschnitt 2.2.6 Ausgleichsposten nach dem KHG).

3.3.4 Abschreibungen und sonstige investive Aufwendungen (GuV-Posten 17, 18, 20)

Hierzu gehören:
*a) Aufwendungen für nach dem KHG geförderte Nutzung von Anlagege-
genständen (GuV-Posten 17),*

---

96 Vorgesehen ist eine pauschale Finanzierung über Budget und Pflegesätze in Form einer
Anhebung des Budgets um 1,1 %.

b) Aufwendungen für nach dem KHG geförderte, nichtaktivierungsfähige Maßnahmen (GuV-Posten 18),
c) Abschreibungen (GuV-Posten 20).

Zu a): *Aufwendungen für nach dem KHG geförderte Nutzung von Anlagegegenständen (GuV-Posten 17)*
Der Inhalt des GuV-Postens entspricht Kontengruppe 77 (Aufwendungen für die Nutzung von Anlagegütern nach § 9 Abs. 2 Nr. 1 KHG), die im Kontenrahmen nicht weiter differenziert wird.

Unter diesem GuV-Posten werden Aufwendungen im Zusammenhang mit Miet-, Leasing-, Pacht- oder anderen Verträgen ausgewiesen, für die Fördermittel gewährt werden.

Soweit ein Leasingvertrag nicht nur die Nutzung eines Anlagegutes, sondern auch Wartung und Instandhaltung von Geräten oder Verbrauchsmaterial beinhaltet, ist wegen der unterschiedlichen Finanzierung (duale Finanzierung!) entsprechend zu differenzieren.

Die Aufwendungen für die Nutzung von Anlagegütern werden neutralisiert über die erfolgswirksame Auflösung von Verbindlichkeiten nach dem KHG.

Buchung:
       350 Verbindlichkeiten nach dem KHG
           an 493 Erträge aus der Auflösung von Verbindlichkeiten nach
               dem KHG

Zu b): *Aufwendungen für nach dem KHG geförderte, nichtaktivierungsfähige Maßnahmen (GuV-Posten 18)*
Der Inhalt dieses GuV-Postens ergibt sich aus der Kontenuntergruppe 721 (nicht-aktivierungsfähige, nach dem KHG geförderte Maßnahmen).

§ 4 Abgrenzungsverordnung ordnet die Kosten der Erhaltung oder Wiederherstellung von Anlagegütern des Krankenhauses, wenn dadurch in baulichen Einheiten

- Gebäudeteile, betriebstechnische Anlagen und Einbauten oder
- Außenanlagen

vollständig oder überwiegend ersetzt werden, dem Bereich der Herstellungskosten zu, wenn das vollständige bzw. überwiegende Ersetzen innerhalb von drei Jahren erfolgt.

Diese Form der Abgrenzung führte dazu, daß diese Aufwendungen mit Fördermitteln finanziert werden konnten.

---

97 Vgl. BVerwG-Urteil vom 21.1.1993.

Inzwischen hat das Bundesverwaltungsgericht[97] entschieden, daß diese Form der Abgrenzung nicht durch die in § 16 KHG enthaltene Ermächtigung, eine Verordnung über die Abgrenzung von pflegesatzfähigen und durch Fördermittel zu deckende Kosten, gedeckt ist. Begründet wurde das Urteil damit, daß die Länder mit Kosten belastet werden, die entsprechend den üblichen Kriterien für die Abgrenzung von Erhaltungs- und Herstellungsaufwand über Budget und Pflegesätze zu decken wären.

Zu c): *Abschreibungen (GuV-Posten 20)*
Mit Hilfe von Abschreibungen werden die Anschaffungskosten bzw. Herstellungskosten von Anlagegütern auf deren Nutzungsdauer verteilt. Die Abschreibungen mindern den Wert des jeweiligen Anlagegutes.
Laut § 5 Abs. 1 KHBV sind Vermögensgegenstände des Anlagevermögens, deren Nutzung zeitlich begrenzt ist, zu den Anschaffungs- oder Herstellungskosten, vermindert um planmäßige Abschreibungen, anzusetzen.
In § 253 Abs. 2 HGB, der laut § 4 Abs. 3 KHBV beim Jahresabschluß zu beachten ist, heißt es weiter:
„Der Plan muß die Anschaffungs- oder Herstellungskosten auf die Geschäftsjahre verteilen, in denen der Vermögensgegenstand voraussichtlich genutzt werden kann. Ohne Rücksicht darauf, ob ihre Nutzung zeitlich begrenzt ist, können bei Vermögensgegenständen des Anlagevermögens außerplanmäßige Abschreibungen vorgenommen werden, um die Vermögensgegenstände mit dem niedrigeren Wert anzusetzen, der ihnen am Abschlußstichtag beizulegen ist; sie sind vorzunehmen bei einer voraussichtlich dauernden Wertminderung."
Die Höhe der Abschreibungen ergibt sich aus der voraussichtlichen Nutzungsdauer, die die durchschnittliche Nutzungsdauer ist, und die laut § 3 Abs. 3 Abgrenzungsverordnung auf der Grundlage der Nutzungsdauer bei einschichtigem Betrieb zu ermitteln ist.
Die planmäßige Abschreibung kann nach Handels- und Steuerrecht nach unterschiedlichen Verfahren erfolgen, und zwar als
• lineare Abschreibung, d. h. Abschreibung in gleichen Jahresbeträgen,
• degressive Abschreibung, d. h. Abschreibung in fallenden Jahresbeträgen.

Die KHBV enthält im Hinblick auf die Methode der Abschreibung keine Vorschriften. Die Art der Finanzierung des Anlagevermögens und die Tatsache, daß die Art der Bilanzierung des geförderten Anlagevermögens die Erfolgsrechnung des Krankenhauses nicht berührt,[98] führen dazu, daß die Abschreibungen nach der einfacheren linearen Methode erfolgen. Der jährliche Abschreibungsbetrag ergibt sich dabei aus folgender Relation:

---

98 Im übrigen ist die überwiegende Zahl der Krankenhäuser von Ertragssteuern befreit.

$$\text{Abschreibungsbetrag} = \frac{\text{Anschaffungs- oder Herstellungkosten (in DM)}}{\text{Nutzungsdauer (in Jahren)}}$$

Der Abschreibungssatz ergibt sich aus folgender Relation:

$$\text{Abschreibungssatz} = \frac{\text{Anschaffungs- oder Herstellungkosten (in DM)}}{\text{Nutzungsdauer (in Jahren)}} \times 100$$

oder

$$\text{Abschreibungssatz} = \frac{100}{\text{Nutzungsdauer}} \times 100$$

Aufgrund der Finanzierung der Investitionen durch Fördermittel und der Art der bilanziellen Behandlung spielen **außerplanmäßige Abschreibungen** in Krankenhäusern, insbesondere in gemeinnützigen Krankenhäusern, keine nennenswerte Rolle. Gründe für außerplanmäßige Abschreibungen können technischer Fortschritt, Zerstörung durch Gewalteinwirkung oder Diebstahl sein.

Hinsichtlich der **Abschreibungssätze** enthalten Handelsrecht und KHBV keine Vorschriften. Überwiegend orientiert man sich an den Abschreibungssätzen aus dem Steuerrecht.

Anlagegüter werden in der Regel während des Jahres gekauft und ggf. wieder veräußert. Hinsichtlich der Abschreibung im Anschaffungs- bzw. Veräußerungsjahr wird wie folgt verfahren:

Bei beweglichen Anlagegütern wird aus Vereinfachungsgründen der volle Abschreibungsbetrag angesetzt, wenn die Anschaffung in der ersten Jahreshälfte erfolgt. Bei Anschaffung in der zweiten Jahreshälfte wird die Hälfte des jährlichen Abschreibungsbetrages angesetzt.

Bei Gebäuden erfolgt generell eine exakte zeitanteilige Abschreibung.

Den GuV-Posten 20 (Abschreibung) betreffen folgende Kontenuntergruppen laut Kontenrahmen:

760   Abschreibungen auf immaterielle Vermögensgegenstände,

760   Abschreibungen auf Sachanlagen,

7610   Abschreibungen auf wiederbeschaffte Gebrauchsgüter,

765   Abschreibungen auf Vermögensgegenstände des Umlaufvermögens,
       soweit diese die im Krankenhaus üblichen Abschreibungen überschrei-
       ten.

Den **Abschreibungen auf immaterielle Vermögensgegenstände** kommt in Krankenhäusern mit Ausnahme der Software keine praktische Bedeutung zu.

Untergeordnete Bedeutung haben auch **Abschreibungen auf Vermögens-gegenstände des Umlaufvermögens**, soweit diese die im Krankenhaus üblichen Abschreibungen überschreiten.[99] Im wesentlichen betreffen die Abschreibungen die Kontenuntergruppe 761 **Abschreibungen auf Sachanlagen.**

Die Besonderheiten der Krankenhausfinanzierung machen es erforderlich, die Gegenstände des Anlagevermögens mit einem „Finanzierungsmerkmal" zu versehen, da die Abschreibungen durch Auflösung der verschiedenen Sonderposten (vgl. Abschnitt 2.2.3.4 und 2.3.2) neutralisiert werden.

Aus diesem Grund wird im Kontenplan des Krankenhauses bei den Abschreibungen auf Sachanlagen weiter differenziert nach der Finanzierungsart:

- Einzelförderung,
- Pauschalförderung,
- Finanzierung mit Eigenmitteln bei förderungsfähigem Anlagenvermögen,
- Finanzierung mit geförderten Darlehen,
- nichtgeförderte zum Krankenhaus gehörende Einrichtungen,
- Einrichtungen, die nicht unmittelbar der stationären Krankenversorgung dienen,
- Abschreibungen auf mit Zuweisungen und Zuschüssen der öffentlichen Hand finanziertes Anlagevermögen,
- Abschreibungen auf mit Zuwendungen Dritter finanziertes Anlagevermögen.

Bei den Abschreibungen auf wiederbeschaffte **Gebrauchsgüter** (Konto 7610) handelt es sich um die Anschaffungskosten von in Kontenuntergruppe 076 aktivierten Vermögensgegenständen mit Anschaffungskosten von unter 800 DM (ohne Umsatzsteuer), die im Jahr der Anschaffung in voller Höhe als pflegesatzfähige Kosten ausgewiesen werden.

Im Kontenplan des Krankenhauses sollte ein weiteres Konto eingerichtet werden, um die Abschreibungen bei Gebrauchsgütern mit Anschaffungskosten von über 800 DM zu erfassen.

Gebrauchsgüter mit Anschaffungskosten bis zu 100 DM (ohne Umsatzsteuer) werden nicht als Anlagegüter, sondern als **Verbrauchsgüter** behandelt und in den entsprechenden Kontengruppen (z. B. Kontengruppe 66 oder 68) gebucht.

---

99 Zu den Vermögensgegenständen des Umlaufvermögens zählen Vorräte, Forderungen, Wertpapiere des Umlaufvermögens sowie Bestände an Zahlungsmitteln. Anlaß für eine derartige Abschreibung könnte z.B. die Vernichtung von Vorräten durch äußere Einwirkung sein.

Die grundsätzlichen **Buchungen** im Zusammenhang mit den Abschreibungen lauten:

761 Abschreibungen auf Sachanlagen
  an 01 bis 07 Sachanlagen

Die Aufwendungen aus Abschreibungen auf Sachanlagevermögen werden durch ertragswirksame Auflösung der Sonderposten neutralisiert. Im Falle einer Finanzierung durch Fördermittel lautet die Buchung:

22 Sonderposten aus Fördermitteln nach dem KHG
  an 490 Erträge aus der Auflösung von Sonderposten nach dem KHG (GuV-Posten 13)

3.3.5 Sonstige betriebliche Aufwendungen (GuV-Posten 21)

Unter GuV-Posten 21 werden zusammengefaßt:

Gruppe	Untergruppe	Konto	Inhalt
69			**Verwaltungsbedarf**
	700		Zentraler Verwaltungsdienst
	701		Zentraler Gemeinschaftsdienst
	720		Pflegesatzfähige Instandhaltung
		7200	*Instandhaltung Medizintechnik*
		7201	*Instandhaltung Sonstiges*
	731		Sonstige Abgaben
	732		Versicherungen
	763		Abschreibungen auf Forderungen
	764		Abschreibungen auf sonstige Vermögensgegenstände
78			**Sonstige ordentliche Aufwendungen**
	781		Sachaufwand der Ausbildungsstätten
	782		Sonstiges
		7821	*Aufwendungen aus Ausbildungsstätten-Umlage nach § 15 Abs. 3 BPflV*
	790		Aufwendungen aus Ausgleichsbeträgen für frühere Geschäftsjahre

Gruppe	Untergruppe	Konto	Inhalt
	791		Aufwendungen aus dem Abgang von Gegenständen des Anlagevermögens
	793		Periodenfremde Aufwendungen
	794		Spenden und ähnliche Aufwendungen

Der **Verwaltungsbedarf** wird im Kontenplan des Krankenhauses üblicherweise weiter differenziert in[100]:

690 Büromaterialien und Druckarbeiten
  Hierzu gehören unter anderem auch die Formulare zur Anforderung diagnostischer Leistungen, Formulare für die Pflegedokumentation und dergleichen. Kosten der Mikroverfilmung von Röntgenbildern sind ebenfalls hier zu buchen.
691 Postgebühren, Bankgebühren
692 Fernsprech- und Fernschreibanlagen, Telegramme, Rundfunk und Fernsehen
  Hier sind nur die laufenden Aufwendungen zu buchen.
  Mieten für die entsprechenden Anlagen sind investive Aufwendungen und unter Kontengruppe 77 (Aufwendungen für die Nutzung von Anlagegütern nach § 9 Abs. 2 Nr. 1 KHG) zu buchen. Im Jahresabschluß werden die entsprechenden Aufwendungen unter GuV-Posten 17 gezeigt.
  Wartung und Instandhaltung sind unter Beachtung der Bestimmungen der Abgrenzungsverordnung unter Kontengruppe 72 (Instandhaltung) zu erfassen.
693 Reisekosten, Fahrgelder, Spesen
  Hier sind die Aufwendungen für Dienstreisen zu buchen. Reisekosten, die im Zusammenhang mit der Aus- und Fortbildung anfallen, werden unter Kontenuntergruppe 781 (Sachaufwand der Ausbildungsstätten) gezeigt. Reisekosten und dergleichen, die im Zusammenhang mit der Personalbeschaffung stehen, stellen Verwaltungsaufwand dar (vgl. Kontenuntergruppe 694).

---

100 Vgl. Bofinger, W.: Verordnung über die Rechnungs- und Buchführungspflichten von Krankenhäusern (Krankenhausbuchführungsverordnung – KHBV), Kommentar, in: Dietz, O., Bofinger, W. (Hrsg.): Krankenhausfinanzierungsgesetz, Bundespflegesatzverordnung und Folgerecht, Wiesbaden, Stand: 21. Nachlieferung November 1996, B-Musterkontenplan, Seite 148 ff.

694 Personalbeschaffungskosten
Hierzu gehören nicht nur Inserate, sondern auch Reisekosten für Bewerber.
Umzugskosten sind „sonstige Personalaufwendungen" (Kontengruppe 64).

695 Beratungskosten, Prüfungs-, Gerichts- und Anwaltsgebühren
696 Beiträge an Organisationen
697 Repräsentationsaufwand
698 EDV und Organisationsaufwand
699 Sonstiger Verwaltungsbedarf.

Zentrale Verwaltungsdienste sind Leistungen der Verwaltung des Krankenhausträgers für das Krankenhaus. Es handelt sich hierbei um betriebsbezogene Leistungen, insbesondere

- des Personalamtes,
- der Rechtsabteilung,
- des Rechnungsprüfungsamtes,
- des Bauamtes usw.

Die Kosten zentraler Verwaltungsdienste beinhalten Personal- und Sachkosten, mit denen das Krankenhaus anteilig belastet wird.

Im Hinblick auf die Wirtschaftlichkeit des Krankenhauses ist darauf zu achten, daß die vom Krankenhaus zu leistenden Zahlungen in einem angemessenen Verhältnis zu den erbrachten Leistungen stehen. Bei Wirtschaftlichkeitsprüfungen ist es üblich, die Kosten zentraler Verwaltungsdienste anteilig in Personal umzurechnen und in die Beurteilung der personellen Besetzung der Verwaltung mit einzubeziehen.

Zentrale Gemeinschaftsdienste werden von Einrichtungen erbracht, die Leistungen für eines oder mehrere Krankenhäuser erbringen, die ihrerseits an der Finanzierung dieser Einrichtung beteiligt sind. Beispiele hierfür sind eine zentrale Krankenhausapotheke, eine Zentralwäscherei, ein gemeinsames Rechenzentrum usw.

Derartige Einrichtungen sind grundsätzlich förderungsfähig, da sie jedoch Leistungen erbringen, die von den Krankenhäusern auch als Fremdleistungen bezogen werden können, werden hierfür heute nur noch in Ausnahmefällen Fördermittel zur Verfügung stehen.

Sofern ein Krankenhaus Leistungen verschiedener zentraler Gemeinschaftsdienste erhält, ist die Kontenuntergruppe 701 zentraler Gemeinschaftsdienst entsprechend zu differenzieren, z. B.:

7010 Zentralapotheke,
7011 Zentralwäscherei.

Die **pflegesatzfähige Instandhaltung** ist deswegen in Instandhaltung Medizintechnik und sonstige Instandhaltung zu differenzieren, weil diese Aufwendungen durch unterschiedliche Leistungsentgelte gedeckt werden. Die Instandhaltung Medizintechnik betrifft Abteilungspflegesätze und Fallpauschalen, die „sonstige Instandhaltung" ist durch den Basispflegesatz zu decken („Basis-Instandhaltung").

Zu den **sonstigen Abgaben** gehören unter anderem die Kosten für die Müllabfuhr sowie die technische Überwachung von Aufzügen, medizinischen Geräten und dergleichen. Die Gebühren für Abwasser werden bei Kontenuntergruppe 670 (Wasser) gebucht. Zu den **Abschreibungen auf Forderungen** und den **Abschreibungen auf sonstige Vermögensgegenstände** vgl. Abschnitt 2.2.3.1.

Zum **Sachaufwand der Ausbildungsstätten** gehören neben Lehrmitteln und Arbeitsmitteln auch die Honorare für betriebsfremde Lehrkräfte. Diese Differenzierung ist im Kontenplan der Krankenhäuser üblich.

Unter GuV-Posten 21 werden auch die **übrigen Aufwendungen** (Kontengruppe 79) gezeigt mit Ausnahme der Kontenuntergruppe 792 (außerordentliche Aufwendungen) und zwar:

790 Aufwendungen aus Ausgleichsbeträgen für frühere Geschäftsjahre[101],
791 Aufwendungen aus dem Abgang von Gegenständen des Anlagevermögens[102],
793 Periodenfremde Aufwendungen,
794 Spenden und ähnliche Aufwendungen.

Nach GuV-Posten 21 wird ein weiteres Zwischenergebnis gezeigt. Es handelt sich inhaltlich um das **Ergebnis aus laufender Betriebstätigkeit,** und zwar hinsichtlich der laufenden Aufwendungen und Erträge, der Krankenhausleistungen sowie der Aufwendungen und Erträge des investiven Bereiches.

3.4 Aufwendungen und Erträge des Finanzbereiches (GuV-Posten 22 bis 26)

a) Erträge aus Beteiligungen (GuV-Posten 22)

Hierzu gehören
500 Erträge aus Beteiligungen,
521 Erträge aus dem Abgang von oder aus Zuschreibungen zu Gegenständen des Finanzanlagevermögens.

---

101 Vgl. Abschnitt 2.3.4 Nr. (6) und Abschnitt 2.2.3.4 b)
102 Vgl. hierzu Abschnitt 2.3.2

b) Erträge aus anderen Wertpapieren und Ausleihungen des Finanzanlagevermögens (GuV-Posten 23)

Hierzu gehören:

501 Erträge aus anderen Finanzanlagen[103],

521 Erträge aus dem Abgang und aus Zuschreibungen zu Gegenständen des Finanzanlagevermögens[104].

c) Sonstige Zinsen und ähnliche Erträge (GuV-Posten 24)

Der Inhalt dieses GuV-Postens deckt sich mit Kontengruppe 51 (sonstige Zinsen und ähnliche Erträge).

Ausgehend von den unter GuV-Posten 23 gezeigten Erträgen aus Wertpapieren und Ausleihungen des Finanzanlagevermögens handelt es sich hierbei unter anderem um Zinsen für Guthaben bei Kreditinstituten, Zinsen für kurzfristige Forderungen sowie Zinsen für Wertpapiere des Umlaufvermögens.

Zu den „ähnlichen Erträgen" zählen z. B. Erträge aus einem Disagio bei einer Kreditaufnahme.

Soweit Zinserträge aus der Anlage von Fördermitteln resultieren, sind die Erträge aufwandswirksam den Verbindlichkeiten nach dem KHG (Kontengruppe 35) zuzuführen. Die Buchung lautet:

752 Zuführungen der Fördermittel nach dem KHG zu Sonderposten oder Verbindlichkeiten

an 350 Verbindlichkeiten nach dem KHG

d) Abschreibungen auf Finanzanlagen und auf Wertpapiere des Umlaufvermögens (GuV-Posten 25)

Der Inhalt dieses GuV-Postens entspricht Kontenuntergruppe 762 Abschreibungen auf Finanzanlagen und Wertpapiere des Umlaufvermögens. Maßgeblich für die Höhe der ggf. vorzunehmenden Abschreibungen sind die Bewertungsvorschriften des § 253 HGB in Verbindung mit § 279 HGB.

e) Zinsen und ähnliche Aufwendungen (GuV-Posten 26)

Der Inhalt dieses GuV-Postens entspricht der Kontengruppe 74 (Zinsen und ähnliche Aufwendungen) laut Kontenrahmen entsprechend der Anlage 2 zur KHBV, die wie folgt gegliedert ist:

---

103 Mit den „anderen Finanzanlagen" wird die Abgrenzung zu Beteiligungen angesprochen. Dem übergeordnet in der Systematik der Konten ist Kontengruppe 50 Erträge aus Beteiligungen und anderen Finanzanlagen.

104 Das Finanzanlagevermögen beinhaltet Beteiligungen und andere Finanzanlagen.

740 Zinsen und ähnliche Aufwendungen für Betriebsmittelkredite,
741 Zinsen und ähnliche Aufwendungen an verbundene Unternehmen,
742 Zinsen und ähnliche Aufwendungen für sonstiges Fremdkapital.

Zinsen für Betriebsmittelkredite betreffen grundsätzlich Budget und Pflege-sätze.

3.5 Ergebnis der gewöhnlichen Geschäftstätigkeit (GuV-Posten 27)

Das Ergebnis der gewöhnlichen Geschäftstätigkeit ergibt sich aus der Ge-genüberstellung von Erträgen und Aufwendungen des Krankenhauses mit Ausnahme der außerordentlichen Erträge und Aufwendungen und der Steu-ern.

Das Ergebnis der gewöhnlichen Geschäftstätigkeit hat drei Komponenten:
- Laufende Aufwendungen und Erträge,
- Erträge und Aufwendungen des investiven Bereiches,
- Finanzergebnis[105].

3.6 Außerordentliches Ergebnis (GuV-Posten 30)

Das außerordentliche Ergebnis resultiert aus der Gegenüberstellung von:
- außerordentlichen Erträgen (GuV-Posten 28 bzw. Kontenuntergruppe 590),
- außerordentlichen Aufwendungen (GuV-Posten 29 bzw. Kontenunter-gruppe 792).

Das außerordentliche Ergebnis deckt sich nicht mit dem früher üblichen „neutralen Ergebnis". Während das neutrale Ergebnis auch periodenfremde (aperiodische) Aufwendungen und Erträge beinhaltet, werden beim außer-ordentlichen Ergebnis nur noch betriebsfremde Erträge und Aufwendun-gen, die nicht die eigentliche Betriebstätigkeit betreffen, ausgewiesen. Auch die außergewöhnliche Höhe von Erträgen und Aufwendungen ist kein Zuordnungskriterium für die außerordentlichen Erträge und Aufwendun-gen. Ein Ausweis unter den GuV-Posten 28 bis 31 wird daher nicht die Re-gel sein.

---

105 Vgl. Abschnitt 3.2.14

131

3.7 Steuern (GuV-Posten 31)

Der Inhalt dieses GuV-Postens entspricht Kontenuntergruppe 730 (Steuern).
Auszuweisen ist der Gesamtbetrag der Steuern, die angefallen sind und durch die Aufwand für das Krankenhaus entstanden ist. Nicht unter GuV-Posten 31 sind Steuern zu zeigen,

- die das Krankenhaus für Arbeitnehmer abzuführen hat (Lohnsteuer, Kirchensteuer),
- die zu den nichtabzugsfähigen Steuern im Sinne des § 12 Einkommensteuergesetz (EStG) zählen,
- Umsatzsteuer/Vorsteuer.[106]

Üblicherweise werden unter GuV-Posten 31 vor allem Kfz-Steuer und Grundsteuer ausgewiesen.

3.8 Jahresüberschuß/Jahresfehlbetrag (GuV-Posten 32)

Ausgehend vom Ergebnis der gewöhnlichen Geschäftstätigkeit (GuV-Posten 27) ergibt sich das Jahresergebnis (Jahresüberschuß/Jahresfehlbetrag) nach Berücksichtigung des außerordentlichen Ergebnisses (außerordentliche Erträge abzüglich außerordentliche Aufwendungen) und der Steuern.

---

106 Bei Krankenhäusern zählt die Umsatzsteuer zu den Anschaffungskosten bezogener Lieferungen und Leistungen, da Krankenhäuser nicht zum Vorsteuerabzug berechtigt sind.

4. Anhang zum Jahresabschluß

Laut § 4 (Jahresabschluß) KHBV besteht der Jahresabschluß des Krankenhauses aus der Bilanz, der Gewinn- und Verlustrechnung und dem Anhang einschließlich des Anlagennachweises.

Im HGB sind die Vorschriften im Hinblick auf den Anhang in den §§ 284 ff. geregelt. Die KHBV verweist in diesem Zusammenhang auf § 284 (Erläuterung der Bilanz und der Gewinn- und Verlustrechnung) Abs. 2 Nr. 1 und 3 HGB, d. h. im Anhang, der Teil des Jahresabschlusses eines Krankenhauses ist, müssen

- die auf die Posten der Bilanz und der Gewinn- und Verlustrechnung angewandten Bilanzierungs- und Bewertungsmethoden angegeben werden,
- Abweichungen von Bilanzierungs- und Bewertungsmethoden[107] angegeben und begründet werden. Der Einfluß dieser Abweichungen auf die Vermögens-, Finanz- und Ertragslage ist gesondert darzustellen.

Der Anhang dient durch ergänzende Hinweise dem besseren Verständnis von Bilanz und GuV und verbessert deren Interpretationsfähigkeit, indem er durch die hinsichtlich der bestehenden Bilanzierungswahlrechte getroffenen Entscheidungen die Bilanzpolitik deutlich macht.

Bestandteil des Anhangs ist auch der Anlagennachweis, auf den bereits in Abschnitt 2.2.1.2 eingegangen wurde.

---

107 Abweichungen gegenüber dem Jahresabschluß des Vorjahres.

5. Analyse des Jahresabschlusses

5.1 Bilanzanalyse

Die Bilanzanalyse im engeren Sinne umfaßt die Durchsicht und Auswertung der Bilanz. Zur Bilanzanalyse im weiteren Sinne gehören die Erfolgsanalyse, die Liquiditätsanalyse und die Rentabilitätsanalyse.[108]

In der Bilanzanalyse im engeren Sinne werden Bilanzen mit Hilfe von Kennzahlen für Struktur und Strukturveränderungen (Zeitvergleich) und deren Abweichungen gegenüber vergleichbaren Betrieben (Betriebsvergleich) analysiert.

Die Analyse erfolgt in der Regel auf Basis von **„Strukturbilanzen"**, die die ursprüngliche Bilanz durch Zusammenfassungen und Saldierungen in verdichteter Form beschreiben.

Als **Kennzahlen** werden gebildet bzw. benutzt:

- Bilanzsalden, z. B. Summe der Zahlungsmittelbestände,
- Deckungsgrößen als Ergebnisse von Saldierungen, z. B. Umlaufvermögen abzüglich kurzfristige Verbindlichkeiten, Anlagevermögen abzüglich langfristige Verbindlichkeiten,
- Zahlungsmittelflüsse, z. B. Cash-Flow (Jahresüberschuß zuzüglich Abschreibungen)[109],
- vertikale und horizontale Bilanzstrukturen, z. B.:

$$\text{Eigenkapitalquote} = \frac{\text{Eigenkapital}}{\text{Gesamtkapital}} \times 100$$

$$\text{Anlagenintensität} = \frac{\text{Anlagevermögen}}{\text{Gesamtvermögen}} \times 100$$

---

108 Zur Bilanzanalyse vgl. unter anderem Ballwieser, W.: Bilanzanalyse, in: Handwörterbuch des Rechnungswesens, Herausgeber: Chmielewicz, K., Schweitzer, M. u.a., 3. Auflage, Stuttgart 1993, Sp. 211 bis 221.
109 Zur weiteren Differenzierung des Cash-Flow vgl. Coenenberg, A.G., Günther, E.: Cash-Flow, in: Handwörterbuch des Rechnungswesens, Herausgeber: Chmielewicz, K., Schweitzer, M. u.a., 3. Auflage, Stuttgart 1993, Sp. 301 ff.

- Liquiditätskennzahlen

$$\text{Liquidität ersten Grades} = \frac{\text{Zahlungsmittel}}{\text{kurzfristige Verbindlichkeiten}} \times 100$$

$$\text{Liquidität zweiten Grades} = \frac{\text{Zahlungsmittel} + \text{kurzfristige Forderungen}}{\text{kurzfristige Verbindlichkeiten}} \times 100$$

$$\text{Liquidität dritten Grades} = \frac{\text{Zahlungsmittel} + \text{kurzfristige Forderungen} + \text{Bestände}}{\text{kurzfristige Verbindlichkeiten}} \times 100$$

Die Gegenüberstellung von Strukturbilanzen zweier aufeinanderfolgender Jahre ermöglicht es, Strukturveränderungen festzustellen und zu beurteilen. Die Kennzahlen aus der Strukturbilanz werden in der Regel einem Zeit- und einem Betriebsvergleich unterzogen.

Anhand der Krankenhausbilanz in Anhang 2 ergibt sich folgende **Strukturbilanz:**

	31.12.96 DM	31.12.95 DM	31.12.96 %	31.12.95 %
Aktivseite				
Anlagevermögen	27.000.000	28.000.000	54,0	60,3
Vorräte	1.200.000	1.315.000	2,4	2,8
Forderungen nach der BPflV	0	900.000	0	2,0
sonstige kurzfristige Forderungen	9.800.00	12.200.000	19,6	26,3
flüssige Mittel	12.000.000	4.000.000	24,0	8,6
	50.000.000	46.415.000	100,0	100,0
Passivseite				
Eigenkapital	14.100.000	12.500.000	28,2	26,9
zuzüglich: Saldo der Ausgleichsposten	610.000	835.000	1,2	1,8
	14.710.000	13.335.000	29,4	28,7
Sonderposten aus Fördermitteln	24.200.000	24.450.000	48,4	52,7
langfristige Verbindlichkeiten	1.235.000	1.048.000	2,5	2,2
Verbindlichkeiten nach dem KHG	200.000	400.000	0,4	0,9

135

	31.12.96 DM	31.12.95 DM	31.12.96 %	31.12.95 %
langfristige Mittel	40.345.000	39.233.000	80,7	84,5
Verbindlichkeiten nach der BPflV	1.700.000	0	3,4	0
sonstige kurzfristige Verbindlichkeiten	7.955.000	7.182.000	15,9	15,5
	50.000.000	46.415.000	100,0	100,0

Ausgehend von der Ursprungsbilanz werden Zahlen zu größeren Gruppen zusammengefaßt.

Der Saldo der Ausgleichsposten, die den Charakter einer Bilanzierungshilfe haben, wird offen dem Eigenkapital zugesetzt. Forderungen und Verbindlichkeiten nach der BPflV und die kurzfristigen Bankguthaben und -verbindlichkeiten werden saldiert ausgewiesen.

Die so zusammengefaßte Bilanzsumme steigt gegenüber dem Vorjahr um 3.585.000 DM bzw. 7,7 %. Im einzelnen haben die Bilanzposten folgende Veränderungen erfahren: Der Rückgang des Anlagevermögens um 1.000.000 DM bzw. 3,6 % resultiert aus Abschreibungen, die höher waren als das Investitionsvolumen. Der Rückgang der Vorräte um 115.000 DM bzw. 8,7 % ist durch eine reduzierte Lagerhaltung begründet, die weniger Kapital bindet.

Die Gegenüberstellung von Verbrauch (Lagerabgang in DM) und Vorräten (Lagerbestand in DM) ergibt die Lagerumschlagshäufigkeit (kurz: Lagerumschlag), eine der Kennzahlen zur Beurteilung der Lagerhaltung.[110]

Der Rückgang der kurzfristigen Forderungen um 2.400.000 DM bzw. 19,7 % ist, hinsichtlich der Forderungen aus Lieferungen und Leistungen, anhand der Relation Umsatz : Forderungen zu bewerten. Im vorliegenden Fall betragen die Forderungen aus Lieferungen und Leistungen 9.800.000 DM. Unterstellt man einen Umsatz von 120.000.000 DM, so ergibt sich folgende Relation:

$$\frac{120.000.000 \text{ DM}}{9.800.000 \text{ DM}} = 12,24$$

---

110 Eine weitere Kennzahl zur Beurteilung der Lagerhaltung ist die durchschnittliche Lagerdauer.

$$\text{Lagerdauer (in Tagen)} = \frac{360}{\text{Lagerumschlag}}$$

Für den Lagerumschlag gilt:

$$\text{Lagerumschlag} = \frac{\text{Lagerabgang in DM}}{\text{Lagerbestand in DM}}$$

In Anlehnung an den Lagerumschlag beschreibt die Relation Umsatz : Forderungsbestand den „Forderungsumschlag". Plastischer ist die Relation Forderungsbestand : durchschnittlichen Monatsumsatz:

$$\frac{9.800.000 \text{ DM}}{10.000.000 \text{ DM}} = 0,98$$

Das bedeutet, daß der Forderungsbestand das 0,98fache (bzw. 98 %) des durchschnittlichen Monatsumsatzes ausmacht. Die sog. Forderungsreichweite beträgt in diesem Fall

30 Tage × 0,98 = 29,4 Tage

Im zwischenbetrieblichen Vergleich wäre dieser Wert für Krankenhäuser üblich.

Die Zunahme des Eigenkapitals resultiert aus Zuführungen zu den Rücklagen und aus dem Jahresergebnis.

Der Sonderposten aus Fördermitteln bleibt nahezu unverändert; das bedeutet, daß sich die mit Fördermitteln finanzierten Investitionen und die Abschreibungen auf die so finanzierten Anlagegüter weitgehend die Waage halten.

Insgesamt ergibt sich folgende Bilanzstruktur (siehe Tabelle Seite 138).

Am Bilanzstichtag ist – wie im Vorjahr – der Grundsatz gewahrt, wonach langfristig gebundenes Vermögen durch langfristige Mittel finanziert sein soll.

Die langfristigen Mittel übersteigen das Anlagevermögen um 13.345.000 DM bzw. 27 % der bereinigten Bilanzsumme. Im Vorjahr beträgt die bilanzielle Liquiditätsreserve 11.233.000 DM, so daß sich eine Erhöhung um 2.112.000 DM ergibt.

Die Eigenkapitalquote beträgt zum Bilanzstichtag 29 % und einschließlich der Fördermittel, die – solange das Krankenhaus seine Zweckbestimmung nicht ändert – einen eigenkapitalähnlichen Charakter haben, 78 %.

Für die Liquidität ersten Grades ergeben sich ohne Verbindlichkeiten nach der BPflV folgende Werte:

$$\frac{12.000.000 \text{ DM}}{7.955.000 \text{ DM}} \times 100 = 151 \text{ %}$$

Mit Verbindlichkeiten nach der BPflV:

$$\frac{12.000.000 \text{ DM}}{9.655.000 \text{ DM}} \times 100 = 124 \text{ %}$$

Insgesamt weist die vorliegende Bilanz „gesunde" Strukturen und Finanzie-
rungsverhältnisse auf.

%	Aktivseite	Passivseite	%
		Eigenkapital	29
54	Anlagevermögen		
		Fördermittel nach dem KHG	49
		langfristige Verbindlichkeiten	3
46	Umlaufvermögen	kurzfristige Verbindlichkeiten	19
100,0			100,0

5.2 Erfolgsanalyse

Die Erfolgsanalyse bezieht sich auf die Analyse des Jahresüberschusses bzw. Jahresfehlbetrages laut GuV. Hierbei wird durch Aufspaltung des Jahresergebnisses in Teilergebnisse versucht, das Jahresergebnis und sein Zustandekommen transparent zu machen. Die Erfolgshöhe wird, sofern ein positiver Erfolg erzielt wurde, ins Verhältnis gesetzt zum Kapital bzw. bestimmten Kapitalkomponenten. Das Ergebnis sind **Rentabilitätskennzahlen**, so z. B. die Gesamtkapitalrentabilität:

$$\text{Gesamtkapitalrentabilität} = \frac{\text{Gewinn} + \text{Fremdkapitalzinsen}}{\text{Gesamtkapital}} \times 100$$

Bei der **Erfolgsquellenanalyse** wird differenziert in
- ordentlichen Betriebserfolg,[111]
- Finanzerfolg,
- außerordentlichen Erfolg.

Die Frage nach dem Zustandekommen des ordentlichen Betriebserfolges führt zur **operativen Erfolgsanalyse** mit den Hauptkomponenten:
- Absatzanalyse[112],
- Analyse des Personalbereiches,
- Analyse des Sachaufwandes.

Ausgehend von der (vereinfachten[113]) Gewinn- und Verlustrechnung in Anhang 3 wird im folgenden (siehe Seite 140) die Ertragslage in verdichteter Form dargestellt.
Um einen besseren Einblick in die Ertragslage zu erhalten, werden dabei die einzelnen Posten abweichend von den Gliederungsvorschriften strukturiert. Das bedeutet insbesondere, daß im betrieblichen Bereich keine periodenfremden Erträge und Aufwendungen enthalten sind; diese werden dem

---

111 In Krankenhäusern wird aufgrund der dualen Finanzierung in laufende Erträge und Aufwendungen sowie investive Erträge und Aufwendungen differenziert.

112 Die Absatzanalyse bezieht sich im Krankenhaus insbesondere auf die Belegung des Krankenhauses, differenziert nach Entgeltformen, und schließt in diesem Bereich die Abweichungen zwischen Plan- und Ist- Daten ein. Die Erfolgsanalyse dient nicht nur der Erklärung des Zustandekommens des Jahresergebnisses, sondern liefert Anregungen und Hinweise für künftige betriebliche Entscheidungen.

113 Die Zahlen in dieser Gewinn- und Verlustrechnung sind gerundet, um hinsichtlich der Analyse die Transparenz zu erhöhen.

außerordentlichen Bereich (Saldo der außerordentlichen Posten) zugeordnet, ebenso die Zuführungen und die Auflösung von Rückstellungen.
Um die Ertrags- und Kostenstruktur zu verdeutlichen, werden die einzelnen Posten i.v.H. der Betriebserträge ausgedrückt und im Hinblick auf die Bezugsgröße „Pflegetag" relativiert.[114] Die Bezugsgröße Pflegetag wird deswegen gewählt, weil der Pflegetag auch noch heute Grundlage für die vom Vo-

	1996 DM	1995 DM	1996 %	1995 %	1996 DM/Tag	1995
1. Betriebserträge	55.131.800	56.100.200	100,0	100,0	503,49	503,93
2. Personal- und Sachaufwendungen	51.683.900	53.234.400	93,7	94,9	472,00	478,19
Betriebsrohgewinn/-verlust	+ 3.447.900	+ 2.865.800	6,3	5,1	31,49	25,74
3. Finanzergebnis	+ 217.700	+ 46.400	0,4	0,1	1,99	0,42
4. Abschreibungen	./. 2.658.100	./. 2.619.800	4,8	4,7	24,27	23,53
5. Erfolgswirksame Fördermittel nach dem KHG	+ 2.436.900	+ 2.377.600	4,4	4,2	22,25	21,35
Betriebsgewinn/-verlust	+ 3.444.400	+ 2.670.000	6,3	4,7	31,46	23,98
6. Saldo der außerordentlichen Posten	./. 356.400	./. 550.200	0,1	0,9	3,26	4,94
Jahresüberschuß	3.088.000	2.119.800	5,6	3,8	28,20	19,04
Einstellung und Entnahme aus Rücklagen (saldiert)	./. 2.898.700	./. 2.036.600	5,3	3,6	26,47	18,29
Bilanzgewinn	189.300	83.200	0,3	0,2	1,73	0,75

114 Dabei sind 109.500 Pflegetage (Vorjahr: 111.325 Pflegetage) zugrunde gelegt.

lumen her wichtigsten Entgeltformen (Basispflegesatz, Abteilungspflegesätze) ist.

Im Wirtschaftsjahr 1996 reichten die Betriebserträge aus, den Personal- und
Sachaufwand zu decken, so daß ein Betriebsrohgewinn von 3.447.900 DM
(im Vorjahr 2.865.800 DM) entstand.

Ausgehend von dem so strukturierten Überblick über die Ertragslage, lassen
sich die einzelnen Betriebserträge in ihrer zeitlichen Entwicklung analysie-
ren. Ein differenzierter Zeitvergleich ist auch beim Personal- und Sachaufwand üblich.

Die erfolgswirksamen Fördermittel setzen sich wie folgt zusammen:

	1996 DM	1995 DM
Erträge aus Fördermitteln (GuV-Posten 11)	1.766.000	2.029.600
Einstellung Ausgleichsposten für Eigenmittel-förderung (GuV-Posten 12)	20.000	20.000
Auflösung von Sonderposten (GuV-Posten 13)	2.322.400	2.096.000
Erträge aus geförderten Anlagenabgängen (GuV-Posten 8 und 21 saldiert)	13.000	0
Auflösung des Ausgleichspostens aus Darlehens-förderung (GuV-Posten 14)	106.500	109.600
Zuführungen der Fördermittel zu Sonderposten oder Verbindlichkeiten (GuV-Posten 15)	./. 1.369.100	./. 1.403.100
Aufwendungen für die nach dem KHG geförderte Nutzung von Anlagegegenständen (GuV-Posten 17)	./. 408.800	./. 470.400
Aus KHG-Mitteln finanzierte Instandhaltung (GuV-Posten 18)	./. 13.100	./. 4.000
	2.436.900	2.377.600

Aus den Posten 3 bis 5 der Übersicht der Ertragslage verbleibt eine Unter-
deckung von 3.500 DM, die aus folgenden Ergebniskomponenten resultiert:
- Erfolgswirksamer Zinsaufwand
      Zinserträge
  = ./. Zinsaufwand abzüglich Zinsanteil der Darlehensforderung

- Erfolgswirksame Abschreibungen[115]
  = Abschreibungen
  ./. Tilgungsleistung von geförderten Darlehen
  ./. Auflösung des Sonderpostens und des Ausgleichspostens aus
  Darlehensförderung
  ./. Einstellung in den Ausgleichsposten für Eigenmittelförderung

Der Betriebsrohgewinn läßt sich mit verschiedenen Nebenrechnungen im Hinblick auf den Erfolgsbeitrag der wichtigsten Leistungsbereiche weiter aufschlüsseln, und zwar:

(1) Allgemeine Krankenhausleistungen

    a) Einfluß der Belegungsentwicklung:

- Mehr- bzw. Mindererlöse (differenziert nach Entgeltformen),
- Erlösausgleich nach den Bestimmungen des Krankenhausfinanzierungsrechts (BPflV, für 1996 § 3 Stab G).

    b) Kostenentwicklung (Abweichung von Plan- und Ist-Kosten).

(2) Wahlleistung Unterkunft
(3) Wahlärztliche Leistungen
(4) Ambulante Leistungen.

Damit werden die Komponenten des Jahresergebnisses Grundlage für Planung und betriebliche Entscheidungen in den verschiedenen Leistungsbereichen des Krankenhauses.

---

115 Ein Teil der erfolgswirksamen Abschreibungen betrifft den Budgetbereich (Gebrauchsgüter).

KHBV Anlage 4

Kontenrahmen für die Buchführung (Kontenklasse 0–8)

Erläuterungen

Der Kontenrahmen ist die Grundlage der ordnungsgemäßen kaufmännischen Buchführung und Bilanzierung. Er schafft die Voraussetzungen für eine systematisierte Zuordnung von Einnahmen und Ausgaben bzw. von Erträgen und Aufwendungen. Er ist gleichzeitig Grundlage für die Erstellung des Kosten- und Leistungsnachweises nach der BPflV und soll die Durchführung von Betriebsvergleichen zwischen Krankenhäusern fördern.

Der als Anlage 4 der KHBV beigefügte Kontenrahmen ist auf diese Erfordernisse abgestellt und trägt den verschiedenen Rechts- und Betriebsformen, -größen und -zusammensetzungen der Krankenhäuser Rechnung. Er ist gemäß § 1 Abs. 1 Satz 1 KHBV für die Krankenhäuser verbindlich. Die Konten der Buchführung sind nach diesem Kontenrahmen einzurichten, es sei denn, daß durch ein ordnungsmäßiges Überleitungsverfahren die Umschlüsselung von einem anderen Kontenrahmen auf diesen Kontenrahmen sichergestellt wird (§ 3 Satz 2 KHBV). Auf Grund dieser Überleitungsvorschrift empfiehlt es sich für die Krankenhäuser, keinen anderen Kontenrahmen einzurichten, sondern den nach der KHBV vorgeschriebenen anzuwenden.

Der Kontenrahmen geht von dem **Abschlußgliederungsprinzip** aus und trägt somit den Erfordernissen des Jahresabschlusses Rechnung. Er richtet sich innerhalb der Finanzbuchhaltung an den Positionen der Bilanz sowie der Gewinn- und Verlustrechnung aus, so daß die Aufstellung der Bilanz und der Gewinn- und Verlustrechnung unmittelbar aus den Kontengruppen der Finanzbuchhaltung möglich ist. Die Kosten- und Leistungsrechnung wird dabei von der Finanzbuchhaltung getrennt und im Kontenrahmen-System an die Kontenklassen für die Finanzbuchhaltung angegliedert (Kontenklasse 9).

Der Kontenrahmen ordnet die Vielzahl der Konten und legt deren Inhalt fest. Er ist, wie allgemein üblich, nach der Dezimalklassifikation aufgebaut. Dadurch werden sowohl Zusammenfassungen als auch Erweiterungen ermöglicht. Im Rahmen der besonderen Erfordernisse eines Krankenhauses kann durch die Ausnutzung freier Kontengruppen oder durch Anhängen weiterer Ziffern der Spielraum für den Kontenplan erweitert werden. **Die im Kontenrahmen als „frei" bezeichneten Kontengruppen, Kontenun-**

tergruppen und Konten sind jedoch frei zu halten. Sie unterliegen nicht der Disposition des Krankenhauses.

Es enthalten die Kontenklassen

0 und 1 die aktiven Bestandsposten der Bilanz,

2 und 3 die passiven Bestandsposten der Bilanz,

4 und 5 die Erträge der Gewinn- und Verlustrechnung,

6 und 7 die Aufwendungen der Gewinn- und Verlustrechnung,

8   die Eröffnungs- und Abschlußkonten sowie die Abgrenzungskonten zur Kosten- und Leistungsrechnung.

Da der Kontenrahmen nur ein generelles Ordnungsschema ist, wird den betriebsindividuellen Erfordernissen der einzelnen Krankenhäuser durch einen Musterkontenplan Rechnung getragen, der aus dem vorliegenden Kontenrahmen abgeleitet ist (siehe Teil B). Eingearbeitet in den folgenden Kontenrahmen sind daher nur die Zuordnungsvorschriften zum Kontenrahmen, die wie der Kontenrahmen selbst Verordnungsqualität haben.

Kontenrahmen lt. Anlage 4 der KHBV

Klasse	Gruppe	Unter-gruppe	Konto	Bezeichnung mit Zuordnungsvorschrift *) Nur für Kapitalgesellschaften
0				**Ausstehende Einlagen und Anlagevermögen**
	00			Ausstehende Einlagen auf das gezeichnete/festgesetzte Kapital
	01			**Grundstücke und grundstücksgleiche Rechte mit Betriebsbauten**
		010		Bebaute Grundstücke
		011		Betriebsbauten
		012		Außenanlagen
	02			**frei**
	03			**Grundstücke und grundstücksgleiche Rechte mit Wohnbauten**
				Hier sind Wohnbauten zuzuordnen, die für den Krankenhausbetrieb nicht unerläßlich notwendig sind und deshalb nach dem KHG nicht gefördert werden. Sie müssen gegenüber Kontengruppe 01 und 050 ausreichend abgegrenzt werden.
		030		Bebaute Grundstücke
		031		Wohnbauten
		032		Außenanlagen
	04			**Grundstücke und grundstücksgleiche Rechte ohne Bauten**
	05			**Bauten auf fremden Grundstücken**
		050		Betriebsbauten
		051		frei
		052		Wohnbauten
				Hier sind Wohnbauten zuzuordnen, die für den Krankenhausbetrieb nicht unerläßlich notwendig sind und deshalb nach dem KHG nicht

Klasse	Gruppe	Unter-gruppe	Konto	Bezeichnung mit Zuordnungsvorschrift *) Nur für Kapitalgesellschaften
				gefördert werden. Sie müssen gegenüber Kontengruppe 01 und 050 ausreichend abgegrenzt werden.
		053		Außenanlagen
	06			**Technische Anlagen**
		060		in Betriebsbauten
		061		frei
		062		in Wohnbauten
		063		in Außenanlagen
	07			**Einrichtungen und Ausstattungen**
		070		in Betriebsbauten
		071		frei
		072		in Wohnbauten
		076		Gebrauchsgüter
			0761	Wiederbeschaffte, geringwertige Gebrauchsgüter (mit Anschaffungs- oder Herstellungskosten ohne Umsatzsteuer von mehr als 100 bis zu 800 Deutsche Mark)
			0762	Wiederbeschaffte Gebrauchsgüter mit Anschaffungs- oder Herstellungskosten ohne Umsatzsteuer von mehr als 800 Deutsche Mark
		077		Festwerte in Betriebsbauten
		078		frei
			079	Festwerte in Wohnbauten
	08			**Anlagen im Bau und Anzahlungen auf Anlagen**
		080		Betriebsbauten
		081		frei
		082		Wohnbauten

Klasse	Gruppe	Unter-gruppe	Konto	Bezeichnung mit Zuordnungsvorschrift *) Nur für Kapitalgesellschaften
	09			**Immaterielle Vermögensgegenstände, Beteiligungen und andere Finanzanlagen**
		090		Immaterielle Vermögensgegenstände
		091		Geleistete Anzahlungen auf immaterielle Vermögensgegenstände
		092		Anteile an verbundene Unternehmen*)
		093		Ausleihungen an verbundene Unternehmen*)
		094		Beteiligungen
		095		Ausleihungen an Unternehmen, mit denen ein Beteiligungsverhältnis besteht*)
		096		Wertpapiere des Anlagevermögens
		097		Sonstige Fianzanlagen
1				**Umlaufvermögen, Rechnungsabgrenzung**
	10			**Vorräte**
		100		Vorräte an Lebensmitteln
		101		Vorräte des medizinischen Bedarfs
		102		Vorräte an Betriebsstoffen
		103		Vorräte des Wirtschaftsbedarfs
		104		Vorräte des Verwaltungsbedarfs
		105		Sonstige Roh-, Hilfs- und Betriebsstoffe
		106		Unfertige Erzeugnisse
		107		Fertige Erzeugnisse, Waren
	11			**Geleistete Anzahlungen** (soweit nicht in Kontengruppe 08 auszuweisen)
	12			**Forderungen aus Lieferungen und Leistungen**
	13			**Schecks, Kassenbestand, Bundesbank- und Postgiroguthaben, Guthaben bei Kreditinstituten**

Klasse	Gruppe	Unter-gruppe	Konto	Bezeichnung mit Zuordnungsvorschrift *) Nur für Kapitalgesellschaften
	14			**Wertpapiere des Umlaufvermögens**
		140		Anteile an verbundenen Unternehmen*)
	15			**Forderungen nach dem Krankenhausfinanzierungsrecht**
		150		Forderungen nach dem KHG
				Die Fördermittel sind mit Eingang des entsprechenden Bewilligungsbescheides als Forderung in Kontengruppe 15 mit Gegenbuchung im Ertrag, Kontengruppe 46, zu buchen. Zur Neutralisierung im Ergebnis des laufenden Geschäftsjahres werden
				a) die für die Anschaffung von aktivierten Anlagengütern zwecksentsprechend verwendeten Fördermittel bei Kontenuntergruppen 752 als Aufwendungen gebucht und mit der Gegenbuchung bei Kontengruppe 22 in die Sonderposten aus Fördermitteln nach KHG eingestellt; soweit über die als Forderungen aktivierten Fördermittel durch Vorfinanzierung verfügt wurde, ist der entsprechende Betrag ebenfalls als Sonderposten einzustellen;
				b) die noch nicht zwecksentsprechend verwendeten Fördermittel bei Kontenuntergruppe 752 als Aufwendungen gebucht und mit der Gegenbuchung bei Kontenuntergruppe 350 als Verbindlichkeiten behandelt.
		151		Forderungen nach der Bundespflegesatzverordnung
	16			**Sonstige Vermögensgegenstände**
		160		Forderungen an Gesellschafter bzw. den Krankenhausträger
		161		Forderungen gegen verbundene Unternehmen*)

Klasse	Gruppe	Unter-gruppe	Konto	Bezeichnung mit Zuordnungsvorschrift *) Nur für Kapitalgesellschaften
		162		Forderungen gegen Unternehmen, mit denen ein Beteiligungsverhältnis besteht*)
		163		Andere sonstige Vermögensgegenstände
	17			Rechnungsabgrenzung
		170		Disagio
		171		Andere Abgrenzungsposten
	18			**Ausgleichsposten nach dem KHG**
		180		Ausgleichsposten aus Darlehensförderung
		181		Ausgleichsposten für Eigenmittelförderung
	19			**frei**
2				**Eigenkapital, Sonderposten, Rückstellungen**
	20			**Eigenkapital**
		200		Gezeichnetes/festgesetztes Kapital
		201		Kapitalrücklagen
		202		Gewinnrücklagen
		203		Gewinnvortrag/Verlustvortrag
		204		Jahresüberschuß/Jahresfehlbetrag
	21			**Sonderposten aus Zuwendungen Dritter**
	22			**Sonderposten aus Fördermitteln nach dem KHG**
	23			**Sonderposten aus Zuweisungen und Zu-schüssen der öffentlichen Hand**
	24			**Ausgleichsposten aus Darlehensförderung**
	27			**Pensionsrückstellungen**
	28			**Andere Rückstellungen**
		280		Steuerrückstellungen
		281		Sonstige Rückstellungen
	29			**frei**

Klasse	Gruppe	Unter-gruppe	Konto	Bezeichnung mit Zuordnungsvorschrift *) Nur für Kapitalgesellschaften
3				**Verbindlichkeiten, Rechnungsabgrenzung**
	30			**frei für spätere Entwicklungen**
	31			**frei für spätere Entwicklungen**
	32			**Verbindlichkeiten aus Lieferungen und Leistungen**
	33			**Verbindlichkeiten aus der Annahme gezogener Wechsel und der Ausstellung eigener Wechsel**
	34			**Verbindlichkeiten gegenüber Kreditinstituten**
	35			**Verbindlichkeiten nach den Krankenhausfinanzierungsrecht**
			350	Verbindlichkeiten nach dem KHG
			351	Verbindlichkeiten nach der Bundespflegesatzverordnung
	36			**Erhaltene Anzahlungen**
	37			**Sonstige Verbindlichkeiten**
			370	Verbindlichkeiten gegenüber Gesellschaftern bzw. dem Krankenhausträger
			371	Verbindlichkeiten aus sonstigen Zuwendungen zur Finanzierung des Sachanlagevermögens
			372	Verbindlichkeiten gegenüber verbundenen Unternehmen*)
			373	Verbindlichkeiten gegenüber Unternehmen, mit denen ein Beteiligungsverhältnis besteht*)
			374	Andere sonstige Verbindlichkeiten
	38			**Rechnungsabgrenzung**
	39			frei
4				**Betriebliche Erträge**
	40			**Erlöse aus Krankenhausleistungen**

Klasse	Gruppe	Unter-gruppe	Konto	Bezeichnung mit Zuordnungsvorschrift *) Nur für Kapitalgesellschaften
		400		Erlöse aus tagesgleichen Pflegesätzen
			4001	Erlöse aus Basispflegesatz, vollstationär
			4002	Erlöse aus Basispflegesatz, teilstationär
			4003	Erlöse aus Abteilungspflegesätzen, vollstationär
			4004	Erlöse aus Abteilungspflegesätzen, teilstationär
			4005	Erlöse aus Pflegesätzen für besondere Einrichtungen, vollstationär
			4006	Erlöse aus Pflegesätzen für besondere Einrichtungen, teilstationär
		401		Erlöse aus Fallpauschalen und Sonderentgelten
			410	Erlöse aus Fallpauschalen
			411	Erlöse aus Sonderentgelten
		402		Erlöse aus vor- und nachstationärer Behandlung
			4020	Erlöse aus vorstat. Behandlung nach § 115 a SGB V
			4021	Erlöse aus nachstat. Behandlung nach § 115 a SGB V
		403		Erlöse aus Ausbildungskostenumlage
		404		Ausgleichsbeträge nach BPflV
		405		Zuschlag nach § 18 b KHG
	41			**Erlöse aus Wahlleistungen**
		410		Erlöse aus wahlärztlichen Leistungen
		411		Eröse aus gesondert berechneter Unterkunft
		413		Erlöse aus sonstigen nichtärztlichen Wahlleistungen
	42			**Erlöse aus ambulanten Leistungen des Krankenhauses**

Klasse	Gruppe	Unter-gruppe	Konto	Bezeichnung mit Zuordnungsvorschrift *) Nur für Kapitalgesellschaften
		420		Erlöse aus Krankenhausambulanzen
		421		Erlöse aus Chefarztambulanzen einschl. Sachkosten
		422		Erlöse aus ambulanten Operationen nach § 115 b SGB V
	43			**Nutzungsentgelte (Kostenerstattung und Vorteilsausgleich) und sonstige Abgaben der Ärzte**
		430		Nutzungsentgelte für wahlärztliche Leistungen
		431		Nutzungsentgelte für von Ärzten berechnete ambulante ärztliche Leistungen
		433		Nutzungsentgelte der Belegärzte
		434		Nutzungsentgelte für Gutachtertätigkeit u.ä.
		435		Nutzungsentgelte für die anteilige Abschreibung medizinisch-technischer Großgeräte
	44			**Rückvergütungen, Vergütungen und Sachbezüge**
		440		Erstattungen des Personals für freie Station
		441		Erstattungen des Personals für Unterkunft
		442		Erstattungen des Personals für Verpflegung
		443		Erstattungen des Personals für sonstige Leistungen
	45			**Erträge aus Hilfs- und Nebenbetrieben, Notarztdienst**
		450		aus Hilfsbetrieben
		451		aus Nebenbetrieben
		452		aus der Bereitstellung von Krankenhausärzten für den Notarztdienst
	46			**Erträge aus Fördermitteln nach dem KHG**
		460		Fördermittel, die zu passivieren sind

Klasse	Gruppe	Unter-gruppe	Konto	Bezeichnung mit Zuordnungsvorschrift *) Nur für Kapitalgesellschaften
		461		Sonstige Fördermittel
	47			**Zuweisungen und Zuschüsse der öffentlichen Hand sowie Zuwendungen Dritter**
		470		Zuweisungen und Zuschüsse der öffentlichen Hand zur Finanzierung von Investitionen (soweit nicht unter 46)
		471		Zuwendungen Dritter zur Finanzierung von Investitionen
		472		Zuweisungen und Zuschüsse der öffentlichen Hand zur Finanzierung laufender Aufwendungen
		473		Zuwendungen Dritter zur Finanzierung laufender Aufwendungen
	48			**Erträge aus der Einstellung von Ausgleichsposten aus Darlehensförderung und für Eigenmittelförderung**
	49			**Erträge aus der Auflösung von Sonderposten, Verbindlichkeiten nach dem KHG und Ausgleichsposten aus Darlehensförderung**
		490		aus der Auflösung von Sonderposten aus Fördermitteln nach dem KHG, zweckentsprechend verwendet
		491		aus der Auflösung von Sonderposten aus Zuweisungen und Zuschüssen der öffentlichen Hand
		492		aus der Auflösung von Ausgleichsposten aus Darlehensförderung
5				**Andere Erträge**
	50			**Erträge aus Beteiligungen und anderen Finanzanlagen**
		500		Erträge aus Beteiligungen
			5000	Erträge aus Beteiligungen an verbundenen Unternehmen*)

Klasse	Gruppe	Unter-gruppe	Konto	Bezeichnung mit Zuordnungsvorschrift *) Nur für Kapitalgesellschaften
		501		Erträge aus anderen Finanzanlagen
			5010	Erträge aus anderen Finanzanlagen in verbundenen Unternehmen*)
	51			**Sonstige Zinsen und ähnliche Erträge**
		510		Sonstige Zinsen und ähnliche Erträge aus verbundenen Unternehmen*)
	52			**Erträge aus dem Abgang von Gegenständen des Anlagevermögens und aus Zuschreibungen zu Gegenständen des Anlagevermögens**
		520		Sachanlagevermögen
		521		Finanzanlagevermögen
			5210	Finanzanlagen in verbundenen Unternehmen*)
	53			**frei**
	54			**Erträge aus der Auflösung von Rückstellungen**
	55			**Bestandsveränderungen und andere aktivierte Eigenleistungen**
		550		Bestandsveränderungen der fertigen und unfertigen Erzeugnisse
		551		Bestandsveränderungen der unfertigen Leistungen
		552		Andere aktivierte Eigenleistungen
	56			**frei**
	57			**Sonstige ordentliche Erträge**
	58			**Erträge aus Ausgleichsbeträgen für frühere Geschäftsjahre**
	59			**Übrige Erträge**
		590		Außerordentliche Erträge
		591		Periodenfremde Erträge
		592		Spenden und ähnliche Zuwendungen

Klasse	Gruppe	Unter-gruppe	Konto	Bezeichnung mit Zuordnungsvorschrift *) Nur für Kapitalgesellschaften
6				**Aufwendungen**
	60			**Löhne und Gehälter**

Vergütungen für Überstunden, Bereitschafts-dienst und Rufbereitschaft, Zuschläge, Zu-lagen, Sachbezüge für freie Station, Mutter-hausabgaben und Gestellungsgelder sind der Kontengruppe 60 „Löhne und Gehälter" zu-zuordnen.

Aufwendungen für fremdes Personal sind den Konten zuzuordnen, die in Anlage 2 in den Klammerhinweisen unter Nr. 10 Buchstabe b „Aufwendungen für bezogene Leistungen" oder unter Nr. 20 „sonstige betriebliche Auf-wendungen" genannt sind.

Kosten für Fremdleistungen sind als Sachko-sten bei der Kontengruppe 70 zu buchen.

6000 Ärztlicher Dienst

Vergütung an alle Ärzte. Vergütung an Ärzte im Praktikum, soweit diese auf die Besetzung im Ärztlichen Dienst angerechnet werden. An fremde Ärzte gezahlte Honorare sind dem Konto 6618 zuzuordnen.

6001 Pflegedienst

Vergütung an die Pflegedienstleitung und an Pflege- und Pflegehilfs-personal im stationären Bereich (Dienst am Krankenbett). Dazu gehö-ren auch Pflegekräfte in Intensivpflege- und -behandlungs-einheiten sowie Dialysestationen, ferner Vergütungen an Schüler und Stationsse-kretärinnen, soweit diese auf die Besetzung der Stationen mit Pflegepersonal angerechnet werden (siehe auch Konto 6011 "Sonstiges Personal").

Vergütungen für Pflegepersonal, das im medizi-nisch-technischen Dienst, Funktionsdienst,

Klasse	Gruppe	Unter-gruppe	Konto	Bezeichnung mit Zuordnungsvorschrift *) Nur für Kapitalgesellschaften
				Wirtschafts- und Versorgungsdienst oder Verwaltungsdienst eingesetzt wird, sind auf die entsprechenden Konten (6002, 6003, 6005 und 6007) zu buchen.
			6002	Medizinisch-technischer Dienst
				Vergütungen an Apothekenpersonal (Apotheker, pharmazeutisch-technische Assistentinnen, Apothekenhelferinnen, Laborantinnen, Dispensierschwestern) Arzthelfer Audiometristen Bio-Ingenieure Chemiker Chemotechniker Cytologieassistenten Diätassistenten EEG-Assistenten Gesundheitsingenieure Kardiotechniker Krankengymnasten Krankenhausingenieure Laboranten Logopäden Masseure Masseure und medizinische Bademeister Medizinphysiker Medizinisch-technische Assistenten Medizinisch-technische Gehilfen Medizinisch-technische Laboratoriumsassistenten Medizinisch-technische Radiologieassistenten Orthoptisten Personal für die medizinische Dokumentation Physiker Physikalisch-technische Assistenten Psychagogen

Klasse	Gruppe	Unter-gruppe	Konto	Bezeichnung mit Zuordnungsvorschrift *) Nur für Kapitalgesellschaften
				Psychologen Nichtärztliche Psychotherapeuten Schreibkräfte im ärztlichen und medizinisch-technischen Bereich Sonstige Kräfte im medizinisch-technischen Bereich Sozialarbeiter Tierpfleger und Sektionsgehilfen Zahnärztliche Helferinnen sowie vergleichbares medizinisch-technisches Personal
				Zum medizinisch-technischen Behandlungsbereich gehören: Apotheken, Laboratorien einschließlich Stationslaboratorien, Röntgen-, EKG-, EEG-, EMG-, Grundumsatzabteilungen, Bäder- und Massageabteilungen, elektrophysikalische Abteilungen, Sehschulen, Sprachschulen, Körperprüfabteilungen usw.
			6003	Funktionsdienst
				Vergütungen an Krankenpflegepersonal für Operationsdienst Krankenpflegepersonal für Anästhesie Hebammen und Entbindungspfleger; an fremde Hebammen und Entbindungspfleger gezahlte Honorare sind dem Konto 6617 zuzuordnen Krankenpflegepersonal in der Ambulanz Krankenpflegepersonal in Polikliniken Krankenpflegepersonal im Bluttransfusionsdienst Krankenpflegepersonal in der Funktionsdiagnostik Krankenpflegepersonal in der Endoskopie Kindergärtnerinnen, soweit zur Betreuung kranker Kinder eingesetzt Krankentransportdienst Beschäftigungstherapeuten (einschließlich

157

Klasse	Gruppe	Unter-gruppe	Konto	Bezeichnung mit Zuordnungsvorschrift *) Nur für Kapitalgesellschaften
				Arbeitstherapeuten) Personal der Zentralsterilisation
			6004	Klinisches Hauspersonal
				Vergütungen an Haus- und Reinigungspersonal der Kliniken und Stationen
			6005	Wirtschafts- und Versorgungsdienst
				Vergütung an Personal, das in folgenden Bereichen bzw. mit folgenden Funktionen eingesetzt wird: Desinfektion Handwerker (soweit nicht in Konto 6006) Hausmeister Hof- und Gartenarbeiter Hol- und Bringedienst Küchen und Diätküchen (einschließlich Ernährungsberaterinnen) Lager Reinigungsdienst, ausgenommen klinisches Hauspersonal Transportdienst (nicht Krankentransportdienst, siehe Konto 6003) Wäscherei und Nähstube Wirtschaftsbetriebe (z.B. Metzgereien, Schweinemästereien, Gärtnereien, Ökonomien) Zentrale Bettenaufbereitung
				Personal, das mit Verwaltungsarbeit beschäftigt ist, muß bei Konto 6007 ausgewiesen werden.
			6006	Technischer Dienst
				Vergütungen an Personal, das in folgenden Bereichen bzw. mit folgenden Funktionen eingesetzt wird: Betriebsingenieure Einrichtungen zur Versorgung mit Heizwärme, Warm- und Kaltwasser, Frischluft,

Klasse	Gruppe	Unter-gruppe	Konto	Bezeichnung mit Zuordnungsvorschrift *) Nur für Kapitalgesellschaften
				medizinischen Gasen, Strom Technische Betriebsassistenten Technische Servicezentren Technische Zentralen Instandhaltung, z.B. Maler, Tapezierer und sonstige Handwerker
			6007	Verwaltungsdienst
				Vergütungen für das Personal der engeren und weiteren Verwaltung, der Registratur, ferner der technischen Verwaltung, soweit nicht bei Konto 6006 (z.B. Betriebsingenieur) erfaßt, z.B. Aufnahme- und Pflegekostenabteilung Bewachungspersonal Botendienste (Postdienst) Büchereien Einkaufsabteilung Inventar- und Lagerverwaltung Kasse und Buchhaltung (einschließlich Nebenbuchhaltung) Personalverwaltung Pförtner Planungsabteilung Registratur Statistische Abteilung Technische Verwaltung, soweit nicht bei Konto 6006 erfaßt Telefonisten und Personal zur Bedienung zentraler Rufanlagen Verwaltungsleitung Verwaltungsschreibkräfte Wirtschaftsabteilung
			6008	Sonderdienste
				Vergütungen an: Oberinnen Hausschwestern Heimschwestern Schwestern in der Schwesternverwaltung Seelsorger

Klasse	Gruppe	Unter-gruppe	Konto	Bezeichnung mit Zuordnungsvorschrift *) Nur für Kapitalgesellschaften
				Krankenhausfürsorger Mitarbeiter, die zur Betreuung des Personals und der Personalkinder eingesetzt sind
			6010	Personal der Ausbildungsstätten
				Vergütungen für Lehrkräfte, die für diese Tätigkeit einen Arbeits- oder Dienstvertrag haben (evtl. anteilig). Sonstige Entschädigungen, z.b. Honorare für nebenamtliche Lehrtätigkeit von Krankenhausmitarbeitern oder Honorare nicht festeingestellter Lehrkräfte, sind dem Sachaufwand der Ausbildungsstätten (KUGr. 781) zuzuordnen.
			6011	Sonstiges Personal
				Vergütungen für Famuli Schülerinnen (Schüler), soweit diese auf die Besetzung der Stationen mit Pflegepersonal nicht angerechnet werden Vorschülerinnen Praktikannten und Praktikanten jeglicher Art, soweit nicht auf den Stellenplan einzelner Dienstarten angerechnet Taschengelder und ähnliche Zuwendungen
			6012	Nicht zurechenbare Personalkosten
	61			**Gesetzliche Sozialabgaben** (Aufteilung wie 6000 – 6012)
				Hier sind die Arbeitgeberanteile zur Kranken-, Renten- und Arbeitslosenversicherung sowie die Beiträge zur gesetzlichen Unfallversicherung zu buchen. In ihrer Höhe gesetzlich festgelegte Arbeitnehmeranteile, die ganz oder teilweise vom Arbeitgeber übernommen werden, sind als Löhne und Gehälter zu behandeln.
	62			**Aufwendungen für Altersversorgung** (Aufteilung wie 6000 – 6012)

Klasse	Gruppe	Unter-gruppe	Konto	Bezeichnung mit Zuordnungsvorschrift *) Nur für Kapitalgesellschaften
				Hier sind nur die Aufwendungen für Altersversorgung, und zwar Beiträge zu Ruhegehalts- und Zusatzversorgungskassen sowie anderen Versorgungseinrichtungen, ferner Ruhegehälter für ehemalige Mitarbeiter des Krankenhauses zu buchen. Alle übrigen freiwilligen Sozialleistungen gehören – soweit es nicht Beihilfen und Unterstützungen sind – zu den sonstigen Personalaufwendungen.
	63			**Aufwendungen für Beihilfen und Unterstützung** (Aufteilung wie 6000 – 6012)
	64			**Sonstige Personalaufwendungen** (Aufteilung wie 6000 – 6012)
				Sonstige Personalaufwendungen, wie Erstattungen von Fahrtkosten zum Arbeitsplatz und freiwillige soziale Leistungen an die Mitarbeiter (freiwillige Weihnachtsgeschenke, Jubiläumsgeschenke und -zuwendungen, Zuschuß zum Mittagessen).
	65			**Lebensmittel und bezogene Leistungen**
		650		Lebensmittel
		651		Bezogene Leistungen
	66			**Medizinischer Bedarf**
			6600	Arzneimittel (außer Implantate und Dialysebedarf)
			6601	Kosten der Lieferapotheke
			6602	Blut, Blutkonserven und Blutplasma
			6603	Verbandmittel, Heil- und Hilfsmittel
			6604	Ärztliches und pflegerisches Verbrauchsmaterial, Instrumente
			6606	Narkose- und sonstiger OP-Bedarf
			6607	Bedarf für Röntgen- und Nuklearmedizin

Klasse	Gruppe	Unter-gruppe	Konto	Bezeichnung mit Zuordnungsvorschrift *) Nur für Kapitalgesellschaften
			6608	Laborbedarf
			6609	Untersuchungen in fremden Instituten
			6610	Bedarf für EKG, EEG, Sonographie
			6611	Bedarf der physikalischen Therapie
			6612	Apothekenbedarf, Desinfektionsmaterial
			6613	Implantate
			6614	Transplantate
			6615	Dialysebedarf
			6616	Kosten für Krankentransporte (soweit nicht Durchlaufposten)
			6617	Sonstiger medizinischer Bedarf
			6618	Honorare für nicht am Krankenhaus angestellte Ärzte sind in der Gewinn- und Verlustrechnung der Nr. 10 Buchstabe b zuzuordnen. Im Kosten- und Leistungsnachweis werden diese Aufwendungen unter dem „sonstigen medizinischen Bedarf" ausgewiesen.
	67			**Wasser, Energie, Brennstoffe**
	68			**Wirtschaftsbedarf**
		680		Materialaufwendungen
		681		Bezogene Leistungen
	69			**Verwaltungsbedarf**
7				**Aufwendungen**
	70			**Aufwendungen für zentrale Dienstleistungen**
		700		Zentraler Verwaltungsdienst
		701		Zentraler Gemeinschaftsdienst
	71			**Wiederbeschaffte Gebrauchsgüter (soweit Festwerte gebildet wurden)**
	72			**Instandhaltung**

Klasse	Gruppe	Unter-gruppe	Konto	Bezeichnung mit Zuordnungsvorschrift *) Nur für Kapitalgesellschaften
		720		Pflegesatzfähige Instandhaltung
			7200	Instandhaltung Medizintechnik
			7201	Instandhaltung Sonstiges
		721		Nicht aktivierungsfähige, nach dem KHG geförderte Maßnahmen
	73			**Steuern, Abgaben, Versicherungen**
		730		Steuern
		731		Sonstige Abgaben
		732		Versicherungen
	74			**Zinsen und ähnliche Aufwendungen**
		740		Zinsen und ähnliche Aufwendungen für Betriebsmittelkredite
		741		Zinsen und ähnliche Aufwendungen an verbundene Unternehmen
		742		Zinsen und ähnliche Aufwendungen für sonstiges Fremdkapital
	75			**Auflösung von Ausgleichsposten und Zuführungen der Fördermittel nach dem KHG zu Sonderposten oder Verbindlichkeiten**
		750		Auflösung des Ausgleichspostens aus Darlehensförderung
		751		Auflösung des Ausgleichspostens für Eigenmittelförderung
		752		Zuführungen der Fördermittel nach dem KHG zu Sonderposten oder Verbindlichkeiten
		753		Zuführung zu Ausgleichsposten aus Darlehensförderung
		754		Zuführung von Zuweisungen oder Zuschüssen der öffentlichen Hand zu Sonderposten oder Verbindlichkeiten (soweit nicht unter KUGr. 752)

Klasse	Gruppe	Unter-gruppe	Konto	Bezeichnung mit Zuordnungsvorschrift *) Nur für Kapitalgesellschaften
		755		Zuführung der Nutzungsentgelte aus anteiligen Abschreibungen medizinisch-technischer Großgeräte zu Verbindlichkeiten nach dem KHG
	76			**Abschreibungen**
		760		Abschreibungen auf immaterielle Vermögensgegenstände
		761		Abschreibungen auf Sachanlagen
			7610	Abschreibungen auf wiederbeschaffte Gebrauchsgüter
		762		Abschreibungen auf Finanzanlagen und auf Wertpapiere des Umlaufvermögens
		763		Abschreibungen auf Forderungen
		764		Abschreibungen auf sonstige Vermögensgegenstände
		765		Abschreibungen auf Vermögensgegenstände des Umlaufvermögens, soweit diese die im Krankenhaus üblichen Abschreibungen überschreiten
	77			**Aufwendungen für die Nutzung von Anlagegütern nach § 9 Abs. 2 Nr. 1 KHG**
	78			**Sonstige ordentliche Aufwendungen**
		781		Sachaufwand der Ausbildungsstätten
		782		Sonstiges
			7821	Aufwendungen aus Ausbildungsstätten-Umlage nach § 15 Abs. 3 BPflV
	79			**Übrige Aufwendungen**
		790		Aufwendungen aus Ausgleichsbeträgen für frühere Geschäftsjahre
		791		Aufwendungen aus dem Abgang von Gegenständen des Anlagevermögens

Klasse	Gruppe	Unter-gruppe	Konto	Bezeichnung mit Zuordnungsvorschrift *) Nur für Kapitalgesellschaften
		792		Außerordentliche Aufwendungen
		793		Periodenfremde Aufwendungen
		794		Spenden und ähnliche Aufwendungen
8				
	80			frei
	81			frei
	82			frei
	83			frei
	84			frei
	85			Eröffnungs- und Abschlußkonten
	86			Abgrenzung der Erträge, die nicht in die Kostenrechnung eingehen
	87			Abgrenzung der Aufwendungen, die nicht in die Kostenrechnung eingehen
	88			Kalkulatorische Kosten
	89			frei

Bilanz für das Geschäftsjahr 1996

Aktivseite

	31.12.1996 DM	DM	31.12.1995 DM
B. Anlagevermögen			
II. Sachanlagen			
1. Grundstücke mit Betriebs-bauten	18.000.000		19.000.000
4. technische Anlagen	4.000.000		4.200.000
5. Einrichtungen und Aus-stattungen	5.000.000	27.000.000	4.800.000
C. Umlaufvermögen			
I. Vorräte			
1. Roh-, Hilfs- und Betriebsstoffe	1.200.000		1.315.000
III. Forderungen und sonstige Vermögensgegenstände			
1. Forderungen aus Lieferungen und Leistungen	8.000.000		10.000.000
3. Forderungen nach dem Krankenhausfinanzierungs-gesetz	100.000		3.000.000
davon nach der BPflV 31.12.96: 0 DM 31.12.95: 2.500.000 DM			
6. sonstige Vermögensgegen-stände	1.800.000	9.900.000	2.200.000
IV. Kassenbestand, Post-, Bank-guthaben, Guthaben bei Kredit-instituten		12.000.000	4.000.000
D. Ausgleichsposten nach dem KHG			
2. Ausgleichsposten für Eigen-mittelförderung		890.000	865.000
		50.990.000	49.380.000

Passivseite

	31.12.1996 DM	DM	31.12.1995 DM
A. Eigenkapital			
1. Festgesetztes Kapital	1.500.000		1.500.000
2. Kapitalrücklagen	6.000.000		5.000.000
3. Gewinnrücklagen	5.400.000		4.000.000
5. Jahresüberschuß	1.200.000	14.100.000	2.000.000
B. Sonderposten aus Zuwendungen zur Finanzierung des Anlagevermögens			
1. Sonderposten aus Fördermitteln nach den KHG	24.000.000		24.200.000
3. Sonderposten aus sonstigen Zuwendungen	200.000	24.200.000	250.000
C. Rückstellungen			
3. sonstige Rückstellungen		3.140.000	2.170.000
D. Verbindlichkeiten			
1. Verbindlichkeiten gegenüber Kreditinstituten	50.000		60.000
davon mit einer Restlaufzeit bis zu einem Jahr			
31.12.96: 15.000 DM			
31.12.95: 12.000 DM			
3. Verbindlichkeiten aus Lieferungen und Leistungen	3.000.000		2.500.000
davon mit einer Restlaufzeit bis zu einem Jahr			
31.12.96: 2.800.000 DM			
31.12.95: 2.500.000 DM			
6. Verbindlichkeiten nach dem Krankenhausfinanzierungsgesetz	2.000.000		2.500.000
davon nach der BPflV			
31.12.96: 1.700.000 DM			
31.12.95: 1.500.000 DM			

	31.12.1996		31.12.1995
	DM	DM	DM

davon mit einer Restlaufzeit
bis zu einem Jahr
31.12.96:   1.800.000 DM
31.12.95:   500.000 DM

10. sonstige Verbindlichkeiten	3.000.000	8.050.000	3.500.000

davon mit einer Restlaufzeit
bis zu einem Jahr
31.12.96:   2.000.000 DM
31.12.95:   2.500.000 DM

E. Ausgleichsposten aus Darlehensförderung		1.500.000	1.700.000
		50.990.000	49.380.000

Gewinn und Verlustrechnung für das Geschäftsjahr 1996

	31.12.1996 DM	DM	31.12.1995 DM
1. Erlöse aus allgemeinen Krankenhausleistungen	50.600.000		50.150.000
2. Erlöse aus Wahlleistungen	851.100		1.021.600
3. Erlöse aus ambulanten Leistungen des Krankenhauses	105.500		104.000
4. Nutzungsentgelte der Ärzte	1.873.800		2.180.000
7. Zuweisungen und Zuschüsse der öffentlichen Hand, soweit nicht unter Nr. 11	443.100		414.400
8. sonstige betriebliche Erträge *davon aus Ausgleichsbeträgen für frühere Geschäftsjahre 1996: 49.000 DM (1995: 421.600 DM)*	1.970.100	55.843.600	2.468.00
9. Personalaufwand			
a) Löhne und Gehälter	30.314.900		– 29.900.000
b) soziale Abgaben und Aufwendungen für Altersversorgung und für Unterstützung *davon für Altersversorgung 1996: 1.858.800 DM (1995: 1.794.000 DM)*	7.399.400		– 7.100.000
10. Materialaufwand			
a) Aufwendungen für Roh-, Hilfs- und Betriebsstoffe	8.363.700		– 8.549.600
b) Aufwendungen für bezogene Leistungen	2.938.500	49.016.500	– 3.099.200
Zwischenergebnis		6.827.100	7.689.200

| | 31.12.1996 | | 31.12.1995 |
	DM	DM	DM
11. Erträge aus Zuwendungen zur Finanzierung von Investitionen *davon Fördermittel nach dem KHG 1996: 1.766.000 DM (1995: 1.885.600 DM)*	1.766.000		2.029.600
12. Erträge aus der Einstellung von Ausgleichsposten für Eigenmittelförderung	20.000		20.000
13. Erträge aus der Auflösung von Sonderposten nach dem KHG	2.322.400		2.096.000
14. Erträge aus der Auflösung des Ausgleichspostens für Darlehensförderung	106.500		109.600
15. Aufwendungen aus der Zuführung zu Sonderposten/Verbindlichkeiten nach dem KHG	1.369.100		1.403.200
17. Aufwendungen für die nach dem KHG geförderte Nutzung von Anlagegegenständen	908.800		470.400
18. Aufwendungen für nach dem KHG geförderte, nicht-aktivierungsfähige Maßnahmen	13.100	2.423.900	4.000
20. Abschreibungen auf immaterielle Vermögensgegenstände des Anlagevermögens und Sachanlagen	2.658.100		2.619.800
21. sonstige betriebliche Aufwendungen *davon aus Ausgleichsbeträgen für frühere Geschäftsjahre 1996: 17.800 DM (1995: 332.800 DM)*	3.087.300	5.745.400	5.358.400
Zwischenergebnis		2.872.700	2.088.600

	31.12.1996 DM	DM	31.12.1995 DM
24. sonstige Zinsen und ähnliche Erträge	220.200		80.000
26. Zinsen und ähnliche Aufwendungen *davon für Betriebsmittelkredite 1996: 1.200 DM (1995: 45.600 DM)*	2.500	217.700	46.400
27. Ergebnis der gewöhnlichen Geschäftstätigkeit		3.090.400	3.122.200
31. Steuern		2.400	2.400
32. Jahresüberschuß		3.088.000	2.119.800
33. Entnahme aus Kapitalrücklagen		+ 201.300	+ 150.400
34. Einstellung in Gewinnrücklagen		− 3.100.000	− 2.187.000
35. Bilanzgewinn		189.300	83.200

171

Anlage 3 zu § 17 Abs. 4 der Bundespflegesatzverordnung

Leistungs- und Kalkulationsaufstellung

V Vereinbarte Vergütungen
  V 1 Budget und tagesgleiche Pflegesätze
  V 2 Sonderentgelte für die Fachabteilung
  V 3 Fallpauschalen für die Fachabteilung
  V 4 Erlöse

L Leistungsdaten
  L 1 Belegungsdaten des Krankenhauses
  L 2 Personal des Krankenhauses
  L 3 Belegungsdaten der Fachabteilung
  L 4 Diagnosestatistik
  L 5 Operationsstatistik

K Kalkulation von Budget und Pflegesätzen
  K 1 Vereinbarung für den laufenden Pflegesatzzeitraum
  K 2 Forderung für den Pflegesatzzeitraum
  K 3 Vereinbarung für den Pflegesatzzeitraum
  K 4 Medizinischer Bedarf
  K 5 Budget für den Pflegesatzzeitraum
  K 6 Ermittlung des Basispflegesatzes
  K 7 Ermittlung des Abteilungspflegesatzes
  K 8 Kostenausgliederung für Fallpauschalen und Sonderentgelte

A Anhänge
  Anhang 1: Bettenführende Fachabteilungen
  Anhang 2: Fußnoten

Leistungs- und Kalkulationsaufstellung [1]

V   **Vereinbarte Vergütungen**

V 1   **Budget und tagesgleiche Pflegesätze**

lfd. Nr.	Vergütung der allgemeinen Krankenhausleistungen	Vereinbarung für den laufenden Pflegesatzzeitraum	Pflegesatzzeitraum	
			Forderung	Vereinbarung [2]
	1	2	3	4
1	I. Pflegesatzzeitraum (von.....bis........) [3]			
	II. Budget			
2	1.a) lfd. Pflegesatzzeitraum			
3	b) Zugehörige BT [4]			
4	2.a) Pflegesatzzeitraum			
5	b) Zugehörige BT [4]			
	III. Tagesgleiche Pflegesätze			
	ohne Ausgleiche u. Zuschläge			
6	Basispflegesatz (§ 13 Abs. 3)			
7	teilstat. Basispflegesatz (§ 13 Abs. 4)			
*)**)	Abteilungspflegesätze (§ 13 Abs. 2 u. 4) [5]			
	a)			
	b)			
	c)			
	d)			
	e)			
	f)			
	g)			
	h)			
	i)			
	j)			
	k)			
	l)			
	m)			
	n)			
	o)			

*)   1. Stelle der lfd. Nr. : 1 = Pflegesatz für Abteilung, 2 = Pflegesatz für besond. Einrichtung, 3 = teilstationärer Pflegesatz, 4 = Pflegesatz für Belegpatienten, 5 = teilstationärer Pflegesatz für Belegpatienten.

**)   2. und 3. Stelle der lfd. Nr.: Kennziffer der Fachabteilung nach Anhang 1.

V 2   Sonderentgelte für die Fachabteilung *) ....

Nr. [6]	Abgerechnete Anzahl im abgelaufenen Pflegesatzzeitraum	Vereinbarte Anzahl für den laufenden Pflegesatzzeitraum	Pflegesatzzeitraum			
			Anzahl	Entgelthöhe nach § 16 Abs. 1 u. 2	Zu- und Abschläge nach § 11 Abs. 3	Erlössumme
	1	2	3	4	5	6
Insgesamt:						

*) Musterblatt; EDV - Ausdrucke möglich

174

V 3 Fallpauschalen für die Fachabteilung *) ....

Nr. 6)	Abgerechnete Anzahl im abgelaufenen Pflegesatzzeitraum	Vereinbarte Anzahl für den laufenden Pflegesatzzeitraum	Anzahl	Pflegesatzzeitraum			Aufteilung von Spalte 6 bei Erlösabzug **)	
				Engelthöhe nach § 16 Abs. 1 u. 2	Zu- und Abschläge nach § 11 Abs. 3	Erlössumme	Anteil Basispflegesatz	Anteil Abteilungspflegesatz
	1	2	3	4	5	6	7	8
Insgesamt:								

*) Musterblatt; EDV - Ausdrucke möglich
**) Bei Erlösabzug nach § 12 Abs. 2 sind die Fallpauschalen anteilig vom Basispflegesatz und von den Abteilungspflegesätzen abzuziehen (vgl. die Fußnoten 27 und 23 a).
In Spalte 7 und 8 sind jeweils 100 % der auf diese Pflegesatzbereiche entfallenden Anteile auszuweisen (Erlössumme).

175

V 4   Erlöse des Krankenhauses *)

lfd. Nr.	Abgelaufener Pflegesatzzeitraum (einschließlich teilstationärer Pflegesätze)	Erlöse
1	Basispflegesatz	
2	Abteilungspflegesätze	
3	Pflegesätze für besondere Einrichtungen	
4	Fallpauschalen	
5	Sonderentgelte	
6	Vor- und nachstationäre Behandlung **)	
7	Insgesamt:	

*)   V 4 ist nur einmal für das gesamte Krankenhaus auszufüllen

**)   nur bei Erlösabzug

176

L   Leistungsdaten

L 1   Belegungsdaten des Krankenhauses

lfd. Nr.	Belegungsdaten	Vereinbarung für den laufenden Pflegesatzzeitraum	Pflegesatzzeitraum	
			Forderung	Vereinbarung [2]
1		2	3	4
1	Planbetten mit Intensiv			
2	Planbetten ohne Intensiv			
3	Nutzungsgrad der Planbetten			
4	BT im Budgetbereich [4]			
5	davon: BT für Pat. mit SE [8]			
6	davon: BT für teilstat. Patienten			
7	Verweildauer (Nr. 4 : Nr. 13 u. 17)			
8	Belegungstage FP-Bereich [9]			
9	Aufnahmen [10]			
10	Entlassungen [10]			
11	davon: Verlegungen nach außen			
12	Fälle mit nur vorstat. Behandlung			
13	Vollstat. Fälle im Budgetbereich [11]			
14	davon: Kurzlieger			
15	davon: mit vorstat. Behandlung			
16	davon: mit nachstat. Behandlung			
17	Teilstat. Fälle im Budgetbereich			
18	Fälle mit Fallpauschalen			

L 2   Personal des Krankenhauses [12]

Lfd. Nr.	Personalgruppen	Durchschnittlich beschäftigte Vollkräfte [13]			Durchschn. Wert je VK von KI - in DM -
		lfd.Pflegesatzzeitraum Vereinbarung	Pflegesatzzeitraum		
			Forderung	Vereinbarung [2]	
	1	2	3	4	5
1	Ärztlicher Dienst				
2	Pflegedienst				
3	Medizinisch-technischer Dienst				
4	Funktionsdienst				
5	Klinisches Hauspersonal				
6	Wirtschafts- u.Versorgungsdienst				
7	Technischer Dienst [14]				
8	Verwaltungsdienst				
9	Sonderdienste				
10	Sonstiges Personal				
11	Krankenhaus insgesamt				
12	Ausbildungsstätten				
13	nachrichtl.: Auszubild. Krankenpfl.				

177

L 3 Belegungsdaten der Fachabteilung ....

lfd. Nr.	Belegungsdaten	Vereinbarung für den laufenden Pflegezeitraum	Pflegesatzzeitraum	
			Forderung	Vereinbarung [2]
	1	2	3	4
1	Planbetten mit Intensiv			
2	Planbetten ohne Intensiv			
3	Nutzungsgrad der Planbetten			
4	BT im Budgetbereich [4]			
5	davon: BT für Pat. mit SE [8]			
6	davon: BT für teilstat. Patienten			
7	Verweildauer (Nr. 4 : Nr. 13 + 17)			
8	Belegungstage FP-Bereich [9]			
9	Aufnahmen [10]			
10	Entlassungen [10]			
11	davon: Verlegungen nach außen			
12	Fälle mit nur vorstat. Behandlung			
13	Vollstat. Fälle im Budgetbereich [15]			
14	davon: Kurzlieger			
15	davon: mit vorstat. Behandlung			
16	davon: mit nachstat. Behandlung			
17	Teilstat. Fälle im Budgetbereich			
18	Fälle mit Fallpauschalen			

L 4 Diagnosestatistik für die Fachabteilung ....*)
  - abgelaufenes Kalenderjahr
  - vollstationär behandelte Patienten (Hauptdiagnose)

Hauptdiagnose ICD-Schlüssel[16] vierstellig		Patienten insgesamt	0 - 4 Jahre	5 - 14 Jahre	15 - 44 Jahre	45 - 64 Jahre	65 -74 Jahre	75 - 84 Jahre	85 und älter
	1	2	3	4	5	6	7	8	9
....	Anzahl								
	Verweildauer								
	operierte Patienten **)								
....	Anzahl								
	Verweildauer								
	operierte Patienten **)								
....	...								
	...								
	...								
gesamt:	Anzahl								
	Verweildauer								
	Operationen								

*) Musterblatt; Lieferung auf maschinellen Datenträgern (§ 17 Abs. 4 Satz 5).
**) Anzahl der Patienten, die im Zusammenhang mit der Hauptdiagnose operiert wurden.

L 5 Operationsstatistik für die Fachabteilung ....*)
- abgelaufenes Kalenderjahr
- vollstationär behandelte Patienten

ICPM-Schlüssel [17]	Bezeichnung	Anzahl
1	2	3
Insgesamt:		

*) Musterblatt; Lieferung auf maschinellen Datenträgern (§ 17 Abs. 4 Satz 5)

K   Kalkulation von Budget und Pflegesätzen

K 1 Vereinbarung für den lfd. Pflegesatzzeitraum

Tage insges.[7] :

lfd. Nr.	Kostenarten	Basispflegesatz nach § 13 Abs. 3	Innerbetriebliche Leistungs- verrechnung [18] - insgesamt -	Abteilungspflege- sätze nach § 13 Abs. 2 Satz 1 und 2 - insgesamt -	Pflegesätze nach § 13 Abs. 2 Satz 3 und 4 sowie Abs. 4 - insgesamt -	DM je Tag[7] (Sp. 2 - 5)
	1	2	3	4	5	6
1	Ärztlicher Dienst					
2	Pflegedienst					
3	Med.-technischer Dienst					
4	Funktionsdienst					
5	Klinisches Hauspersonal					
6	Wirtsch.- und Versorg.dienst					
7	Technischer Dienst [14]					
8	Verwaltungsdienst					
9	Sonderdienste					
10	Sonstiges Personal					
11	Nicht zurechenbare Pers.ko.					
12	Personalkosten insgesamt					
13	Lebensm. u. bezog. Leistungen					
14	Medizinischer Bedarf					
15	Wasser,[19] Energie, Brennstoffe					
16	Wirtschaftsbedarf					
17	Verwaltungsbedarf					
18	Zentrale Verwaltgs.dienste					
19	Zentrale Gemeinsch.dienste					
20	Steuern, Abgaben, Vers.					
21	Instandhaltung[20]					
22	Gebrauchsgüter [21]					
23	Sonstiges					
24	Sachkosten insgesamt					
25	Innerbetriebl. Leistungsverr.			+	+	
26	Zinsen für Betr.mittelkredite					
27	Krankenhaus insgesamt					
28	Pers. d. Ausbildungsstätten					
29	Sachko. d. Ausbildungsstätten					
30	Umlagen nach § 9 Abs. 3					
31	Ausbildungsstätten insges.[22]			+	+	
32	Insgesamt (Nr. 27 u. 31)					

181

K 2 Forderung für den Pflegesatzzeitraum

Tage insges.[7]:

lfd. Nr.	Kostenarten	Basispflegesatz nach § 13 Abs. 3	Innerbetriebliche Leistungs- verrechnung [18] - insgesamt -	Abteilungspflege- sätze nach § 13 Abs. 2 Satz 1 und 2 - insgesamt -	Pflegesätze nach § 13 Abs. 2 Satz 3 und 4 sowie Abs. 4 - insgesamt -	DM je Tag [7] (Sp. 2 - 5)
		1	2	3	4	5	6
1	Ärztlicher Dienst					
2	Pflegedienst					
3	Med.-technischer Dienst					
4	Funktionsdienst					
5	Klinisches Hauspersonal					
6	Wirtsch.- und Versorg.sdienst					
7	Technischer Dienst [14]					
8	Verwaltungsdienst					
9	Sonderdienste					
10	Sonstiges Personal					
11	Nicht zurechenbare Pers.ko.					
12	Personalkosten insgesamt					
13	Lebensm. u. bezog. Leistungen					
14	Medizinischer Bedarf					
15	Wasser [19], Energie, Brennstoffe					
16	Wirtschaftsbedarf					
17	Verwaltungsbedarf					
18	Zentrale Verwaltgs.dienste					
19	Zentrale Gemeinsch.dienste					
20	Steuern, Abgaben, Vers.					
21	Instandhaltung [20]					
22	Gebrauchsgüter [21]					
23	Sonstiges					
24	Sachkosten insgesamt					
25	Innerbetriebl. Leistungsverr.			+	+	
26	Zinsen für Betr.mittelkredite					
27	Krankenhaus insgesamt					
28	Pers. d. Ausbildungsstätten					
29	Sachko. d. Ausbildungsstätten					
30	Umlagen nach § 9 Abs. 3					
31	Ausbildungsstätten insges. [22]			+	+	
32	Insgesamt (Nr. 27 u. 31)					

K 3 Vereinbarung für den Pflegesatzzeitraum [2)]

Tage insges.[7)]:

lfd. Nr.	Kostenarten	Basispflegesatz nach § 13 Abs. 3	Innerbetriebliche Leistungs- verrechnung [18)] - insgesamt -	Abteilungspflege- sätze nach § 13 Abs. 2 Satz 1 und 2 - insgesamt -	Pflegesätze nach § 13 Abs. 2 Satz 3 und 4 sowie Abs. 4 - insgesamt -	DM je Tag [7)] (Sp. 2 - 5)
	1	2	3	4	5	6
1	Ärztlicher Dienst					
2	Pflegedienst					
3	Med.-technischer Dienst					
4	Funktionsdienst					
5	Klinisches Hauspersonal					
6	Wirtsch.- und Versorg.sdienst					
7	Technischer Dienst [14)]					
8	Verwaltungsdienst					
9	Sonderdienste					
10	Sonstiges Personal					
11	Nicht zurechenbare Pers.ko.					
12	Personalkosten insgesamt					
13	Lebensm. u. bezog. Leistungen					
14	Medizinischer Bedarf					
15	Wasser, [19)] Energie, Brennstoffe					
16	Wirtschaftsbedarf					
17	Verwaltungsbedarf					
18	Zentrale Verwaltgs.dienste					
19	Zentrale Gemeinsch.dienste					
20	Steuern, Abgaben, Vers.					
21	Instandhaltung [20)]					
22	Gebrauchsgüter [21)]					
23	Sonstiges					
24	Sachkosten insgesamt					
25	Innerbetriebl. Leistungsverr.			+	+	
26	Zinsen für Betr.mittelkredite					
27	Krankenhaus insgesamt					
28	Pers. d. Ausbildungsstätten					
29	Sachko. d. Ausbildungsstätten					
30	Umlagen nach § 9 Abs. 3					
31	Ausbildungsstätten insges. [22)]			+	+	
32	**Insgesamt (Nr. 27 u. 31)**					

K 4 Medizinischer Bedarf

Tage insges.[7]:

lfd. Nr.	Medizinischer Bedarf	Vereinbarung für den laufenden Pflegesatzzeitraum	DM je Tag [7]	Pflegesatzzeitraum	
				Forderung	Vereinbarung [2]
1	2	3	4	5	
1	Arzneimittel, (außer Nr. 13 u. 15)				
2	Kosten der Lieferapotheke				
3	Blut, Blutkonserven und Blutplasma				
4	Verband-, Heil- u. Hilfsmittel				
5	Ärztliches und pflegerisches Verbrauchsmaterial, Instrumente				
6	Narkose- und sonstiger OP-Bedarf				
7	Bedarf für Röntgen- u. Nuklearmedizin				
8	Laborbedarf				
9	Untersuchungen in fremden Instituten				
10	Bedarf für EKG, EEG, Sonographie				
11	Bedarf der physikalischen Therapie				
12	Apothekenbedarf, Desinfektionsmaterial				
13	Implantate				
14	Transplantate				
15	Dialysebedarf				
16	Kosten für Krankentransporte (soweit nicht Durchlaufposten)				
17	Sonstiger medizinischer Bedarf				
18	Medizinischer Bedarf insgesamt:				

K 5 Budget für den Pflegesatzzeitraum

lfd. Nr.	Ermittlung des Budgets	Vereinbarung für den laufenden Pflegesatzzeitraum	Pflegesatzzeitraum	
			Forderung	Vereinbarung [2)]
1	2	3	4	
1	Summe Kostenarten (K 1 - K 3, Nr. 27 Sp. 2 und Nr. 32 Sp. 4 u. 5)			
	Abzüge nach § 7 Abs. 2 für:			
2	./. vor-und nachstationäre Behandlung (90 %)			
3	./. nicht abgestimmte Großgeräte			
4	./. belegärztliche Leistungen			
5	./. wahlärztliche Leistungen			
6	./. sonstige ärztliche Leistungen			
7	./. gesondert berechenb.Unterkunft (K 6 Nr.8)			
8	./. sonstige nichtärztliche Wahlleistungen			
9	pflegesatzfähige Kosten			
10	./. Fallpauschalen (§ 12 Abs. 2 o. 3) [23)]			
11	./. Sonderentgelte (§ 12 Abs. 2 o. 3) [24)]			
12	verbleibende pflegesatzfähige Kosten			
	Ausgleiche und Zuschläge:			
13	Ausgleich nach § 12 Abs. 4 [25)]			
14	Berichtigung nach § 12 Abs. 5 [25)]			
15	Berichtigung nach § 12 Abs. 6 Satz 2 und 4			
16	Wagniszuschlag nach § 12 Abs. 6 Satz 5			
17	Unterschiedsbetrag nach § 12 Abs. 7			
18	Ausgleich nach § 11 Abs. 8			
19	Ausgleiche nach § 28 Abs. 5 und 6			
20	Ausgleiche u. Zuschläge insges. (Nr. 13 bis 19)			
21	Zuschlag nach § 18b KHG			
22	Vorauskalkuliertes Budget (Nr. 12, 20 und 21)			
23	Investitionskosten nach § 8 (anteilig)			
24	Budget mit Investitionskosten nach § 8			
25	Nachrichtl.: Tagessatz für § 12 Abs. 5 (Nr. 12 : L 1, lfd. Nr. 4)			

K 6 Ermittlung des Basispflegesatzes nach § 13 Abs. 3

lfd. Nr.	Ermittlung des Basispflegesatzes	Vereinbarung für den laufenden Pflegesatzzeitraum	Pflegesatzzeitraum	
			Forderung	Vereinbarung [2)]
	1	2	3	4
1	Summe Kostenarten (K 1 - K 3, Nr. 27 Sp. 2)			
	Abzüge nach § 7 Abs. 2 für:			
2	./. vor- und nachstat. Behandlung; 30 % [26)]			
3	./. nicht abgestimmte Großgeräte (anteilig)			
4	./. sonstige nichtärztliche Wahlleistungen			
5	pflegesatzfähige Kosten			
6	./. Erlöse aus Fallpauschalen [27)]			
7	verbleibende pflegesatzfähige Kosten			
8	./. gesondert berechenbare Unterkunft [28)]			
9	Budgetanteil ohne Ausgl. u. Zuschläge			
10	anteilige Ausgl. u. Zuschläge (K 5, Nr. 20) [29)]			
11	Zuschlag nach § 18b KHG			
12	Budgetanteil Basispflegesatz			
13	./. Erlöse aus teilstat. Basispflegesatz			
14	Budgetanteil vollstationär			
15	: vollstationäre Tage [30)]			
16	= vollstationärer Basispflegesatz			
	Nachrichtlich:			
17	1. Pflegesatz o. Ausgl. u. Zuschläge			
18	2. Bezugsgröße Unterkunft			
	(Nr. 7 : BT nach L 1 Nr. 4)			
19	3. Zu-/Abschlag nach § 21 Abs. 2			
	4. Tage m. gesondert berechenb. Unterkunft			
20	- Einbettzimmer			
21	- Einbettzimmer bei Zweibettzimmer			
	als allgemeine Krankenhausleistung			
22	- Zweibettzimmer			

K 7 Ermittlung des Abteilungspflegesatzes nach § 13 Abs. 2

Abteilung ☐   besondere Einrichtung ☐   Belegarzt ☐

Bezeichnung:..

lfd. Nr.	Ermittlung des Pflegesatzes (§ 13 Abs. 2 und 4)	Vereinbarung für den laufenden Pflegesatzzeitraum	Pflegesatzzeitraum	
			Forderung	Vereinbarung [2]
	1	2	3	4
	Direkte Kosten für den Pflegesatz (K1-K3) [31]			
1	Ärztlicher Dienst [32]			
2	Pflegedienst			
3	Technischer Dienst [14]			
4	Medizinischer Bedarf			
5	Instandhaltung [20]			
6	Gebrauchsgüter [21]			
	Innerbetriebl. Leistungsverrechnung (K 1 - 3) [33]			
7	Intensiv			
8	OP			
9	Med. Inst.			
10	In der Psychiatrie: Sonstige *)			
11	**Ausbildungsstätten (ant. K 1-3, Sp. 3, Nr. 31)** [22]			
12	**Kosten insgesamt**			
	Abzüge nach § 7 Abs. 2 für:			
13	./. vor- und nachstationäre Behandlung; 70% [34]			
14	./. nicht abgestimmte Großgeräte (anteilig)			
15	./. belegärztliche Leistungen			
16	./. wahlärztliche Leistungen			
17	./. sonstige ärztliche Leistungen			
18	pflegesatzfähige Kosten			
19	./. Fallpauschalen (§ 12 Abs. 2 o. 3) [23]			
20	./. Sonderentgelte (§ 12 abs. 2 o. 3) [24]			
21	verbleibende pflegesatzfähige Kosten			
22	anteilige Ausgl. und Zuschläge von K 5, Nr. 20 [29]			
23	./. Erlöse aus teilstat. Abteilungspflegesatz			
24	Budgetanteil vollstat. Abteilungspflegesatz			
25	: vollstat. gewichtete Berechnungstage [30] [35]			
26	= vollstationärer Abteilungspflegesatz			
	Nachrichtlich:			
	1. Pflegesatz ohne Ausgl. u. Zuschläge [36]			
	2. Zu- / Abschlag nach § 21 Abs. 2			

*) In der Psychiatrie: Ausweis der direkt und indirekt zugeordneten Diplom-Psychologen, Ergo-, Bewegungstherapeuten und Sozialdienst.

187

K 8 Kostenausgliederung nach § 12 Abs. 2 und 3 *)
Bezeichnung: ....

Leistung				Kosten für												Kosten für Anteil 38) Basispflegesatz (K 6, Nr. 18)	Gesamt-kosten
Nr.	Fallpauschale	geplante Anzahl	Bel.tage (je Leistg.)	Station			Intensiv			OP/ Anästhesie				Sonst. Med. Institut.			
				Ärztl.D.	Pfleged.	Sachmi.	Ärztl.D.	Pfleged.	Sachmi.	Ärztl.D.	Funkt.d.	MTD 37)	Sachmi. **	Pers.ko.	Sachko.		
1	2	3	4	5	6	7	8	9	10	11	12	13	14	15	16	17	18
Nr.	Sonderentgelt																
	Gesamt																

*)   Musterblatt; EDV-Ausdrucke möglich
**)   Fallpauschalen: Medizinischer Bedarf, Instandhaltung Medizintechnik und Gebrauchsgüter Medizintechnik
***)   Bei den Sonderentgelten für Organtransplantationen sind die Kosten der Einheiten für Intensivmedizin einzubeziehen
****) nur medizinischer Bedarf
*****) in Ausnahmefällen, z.B. für während der Operation angeforderte Leistungen

Anhang 1
zur Leistungs- und Kalkulationsaufstellung

lfd. Nr.	Bettenführende Fachabteilungen *)
1	Innere Medizin
2	Geriatrie
3	Kardiologie
4	Nephrologie
5	Hämatologie und internistische Onkologie
6	Endokrinologie
7	Gastroenterologie
8	Pneumologie
9	Rheumatologie
10	Pädiatrie
11	Kinderkardiologie
12	Neonatologie
13	Kinderchirurgie
14	Lungen- und Bronchialheilkunde
15	Allgemeine Chirurgie
16	Unfallchirurgie
17	Neurochirurgie
18	Gefäßchirurgie
19	Plastische Chirurgie
20	Thoraxchirurgie
21	Herzchirurgie
22	Urologie
23	Orthopädie
24	Frauenheilkunde und Geburtshilfe
25	davon Geburtshilfe
26	Hals-, Nasen-, Ohrenheilkunde
27	Augenheilkunde
28	Neurologie
29	Allgemeine Psychiatrie
30	Kinder- und Jugendpsychiatrie
31	Psychosomatik/ Psychotherapie
32	Nuklearmedizin
33	Strahlenheilkunde
34	Dermatologie
35	Zahn- und Kieferheilkunde, Mund- und Kieferchirurgie
36	Intensivmedizin

*) Nur Abteilungen, die von einem fachlich nicht weisungsgebundenen Arzt mit entsprechender
Fachgebietsbezeichnung geleitet werden und die für dieses Fachgebiet überwiegend genutzt werden.

Anhang 2 zur Leistungs- und Kalkulationsaufstellung

Fußnoten

1) Die DM-Beträge in den Abschnitten V1 laufende Nr. 2 und 4, V4 und K1–K4 sind in „ 1.000,00 DM" anzugeben die Beträge V2, V3, L2 und K5–K7 in „DM".

2) Vom Krankenhaus für die Verhandlung nicht vorzulegen. Die Spalte „Vereinbarung" für den Pflegesatzzeitraum ist Grundlage für den Krankenhausvergleich nach § 5 BPflV. Die für die Pflegesatzvereinbarung wesentlichen Ergebnisse sind von den Vertragsparteien gemeinsam festzulegen; das Krankenhaus nimmt eine sachgerechte Untergliederung vor.

3) Pflegesatzzeitraum; vgl. § 17 Abs. 2.

4) BT = Berechnungstag, Berechnungstage sind die nach § 14 Abs. 2 und 7 BPflV zu berechnenden Tage für die voll- und teilstationäre Behandlung.

5) Gegebenenfalls gesondert nachzuweisen.

6) Entnahme der Nummer des Entgeltes aus den Anlagen 1 und 2 der BPflV.

7) Für die Pflegesatzzeiträume 1995 bis 1998 sind die Berechnungstage für den Budgetbereich und die Belegungstage für den Fallpauschalenbereich zusammenzurechnen.

8) Die Berechnungstage für Patienten mit Sonderentgelten sind für die Korrektur des Abteilungspflegesatzes nach § 14 Abs. 2 Satz 3 BPflV anzugeben.

9) Diese Angaben sind erforderlich im Zusammenhang mit der Berichtigung nach § 12 Abs. 5 BPflV. Belegungstag: Aufnahmetag und jeder weitere Tag des Krankenhausaufenthaltes für Fallpauschalen-Patienten; der Entlassungs- oder Verlegungstag wird nicht gezählt.

10) Die Begriffe „Aufnahme" und „Entlassung" beziehen sich auf die voll- und teilstationäre Behandlung.

11) Fälle (voll- und teilstationär) = (Aufnahme + Entlassung): 2; siehe Fußnote 10). Ohne interne Verlegungen. Fälle mit nur vorstationärer Behandlung werden nicht berücksichtigt. Bei Beurlaubung sowie bei Wiederaufnahme, bei der nur ein Wochenende zwischen ihr und der vorhergehenden Entlassung liegt, ist nur ein Fall zu zahlen.

12) Personal des Krankenhauses für die voll- und teilstationäre sowie die vor- und nachstationäre Behandlung.

13) Teilzeitkräfte sind in Vollzeitkräfte umzurechnen.

14) Technischer Dienst einschließlich Instandhaltung. Bei Abteilungspflegesätzen nach §13 Abs. 2 BPflV ist nur der Anteil für medizinisch-technische Geräte anzusetzen.

15) Mit internen Verlegungen, ohne Intensiv; im übrigen vgl. Fußnote 11. Besteht eine organisatorisch selbständige Fachabteilung „Intensivmedizin" im Krankenhaus, gilt folgendes: Verlegungen in und aus der Fachabteilung „Intensivmedizin" werden in der

Statistik nicht gezählt. Die Patienten und Pflegetage sind in diesen Fällen weiter bei der abgebenden Fachabteilung nachzuweisen. Sofern eine Krankenhausaufnahme von außen direkt in der „Intensivmedizin" erfolgt, sind die Patientendaten einer der aufgeführten Fachabteilungen zuzuordnen.

16) ICD in der Fassung nach § 301 Abs. 2 des Fünften Buches Sozialgesetzbuch.

17) ICPM in der Fassung nach § 301 Abs. 2 des Fünften Buches Sozialgesetzbuch.

18) Innerbetriebliche Leistungsverrechnung für OP medizinische Institutionen (Kostenstellengruppe 92 sowie Schreibkräfte und sonstiges Personal des medizinisch-technischen Dienstes und Funktionsdienstes) und Intensivmedizin (soweit kein eigener Abteilungspflegesatz). Hier sind Kosten des diesen Bereichen direkt zugeordneten Personals sowie anteilige Kosten des Personals bettenführender Abteilungen, soweit dieses in den zentralisierten Bereichen tätig ist, auszuweisen. Dies gilt auch für entsprechende Leistungsbereiche innerhalb von bettenführenden Abteilungen, die nicht zentralisiert sind. Die Zuordnung zu den einzelnen Abteilungen ist für die in Spalte 3 vorgegebenen Kostenarten auf der Grundlage einer sachgerechten Kosten- und Leistungsrechnung nach § 8 der Krankenhaus-Buchführungsverordnung vorzunehmen. Sachgerechte Vereinfachungen, die der Wirtschaftlichkeit des Verfahrens dienen, sind möglich.

19) Wasser einschließlich Abwasser.

20) Die Instandhaltung als Oberbegriff schließt die Instandsetzung ein. Bei Abteilungspflegesätzen, Pflegesätzen für besondere Einrichtungen und Pflegesätzen für Belegärzte ist nur die Instandhaltung von medizinisch-technischen Geräten einzusetzen.

21) Den Abteilungspflegesätzen, Pflegesätzen für besondere Einrichtungen und Pflegesätzen für Belegpatienten sind nur die Gebrauchsgüter für den medizinischen Bedarf zuzurechnen.

22) Zurechnung des Betrages für Ausbildungsstätten zu den Abteilungspflegesätzen in „DM je BT".

23) Zur Ermittlung der Abteilungspflegesätze sind die Anteile der Fallpauschalen wie folgt auszugliedern:
   a) bei Erlösabzug: (Punktzahl für die der Abteilung zuzurechnenden Anteile der Fallpauschalen) x Punktwert x (Anzahl der Fälle) x 95 %
   b) bei Kostenausgliederung: individuelle Kalkulation der Kosten für die der Abteilung zuzurechnenden Anteile der Fallpauschalen; vgl. K8.

24) Die Sonderentgelte sind wie folgt auszugliedern:
   a) bei Erlösabzug: (Punktzahl für das Sonderentgelt) x Punktwert x (Anzahl der Leistungen) x 95 %;
   b) Kostenabzug: individuelle Kalkulation der Kosten.

25) Der Betrag nach § 12 Abs. 5 berichtigt den nach § 12 Abs. 4. Er ist deshalb mit dem entgegengesetzten Vorzeichen zu versehen.

26) Vor- und nachstationäre Behandlung; bei Erlösabzug: 30 % von K5, Nr. 2.

27) Beim Erlösabzug nach § 12 Abs. 2 Satz I sind zur Ermittlung des Basispflegesatzes die Anteile der Fallpauschalen wie folgt abzuziehen: (Punktzahl für den Basispflegesatzanteil der Fallpauschale) x Punktwert x (Anzahl der Fälle) x 95 %.
   (Hinweis: Bei einer Kostenausgliederung wird der krankenhausindividuelle Basispflegesatz für das ganze Krankenhaus einschließlich der Belegungstage für FP-Patienten

ermittelt. Die Kostenausgliederung erfolgt durch den um die Belegungstage erhöhten Divisor und die Nichtberechnung des Basispflegesatzes gegenüber FP-Patienten).

28) Kostenausgliederung für Ein- und Zweibettzimmer: (Betrag nach laufender Nr. 18) × (BT für Unterkunft) × (entsprechender Vom hundertsatz nach § 7 Absatz 2 Satz 2 Nr. 7 BPflV).

29) Entsprechend den anteiligen pflegesatzfähigen Kosten.

30) Bei der Ermittlung der Zahl der Tage für den Divisor sind die Berechnungstage für teilstationäre Pflegesätze abzuziehen.
Für Fallpauschalen gilt folgendes:
a) Bei Erlösabzug sind die den Fallpauschalen zuzurechnenden Belegungstage wie folgt von der voraussichtlichen Gesamtbelegung abzuziehen: (Verweildauer nach Anlage 1.1, Spalte 12 und Anlage 1.2, Spalte 15) × (Anzahl der Fälle);
b) bei Kostenausgliederung ist die voraussichtliche Gesamtbelegung (Berechnungstage und Belegungstage) einzutragen; vgl. den Hinweis in Fußnote 27).

31) Anteilige Beträge von K1 bis K3, Spalte 4 oder 5.

32) Beim Ärztlichen Dienst ist nur das Personal des Stationsdienstes, nicht aber das in den medizinischen Institutionen, im OP oder im Bereich der Intensivmedizin tätige Personal auszuweisen (vgl. Fußnote 18).

33) Anteilige Beträge von K1 bis K3, Nr. 25, Spalte 3.

34) Vor- und nachstationäre Behandlung bei Erlösabzug: 70 % von K5, Nr. 2.

35) BT aus L3 (Nr. 4 abzüglich Nr. 5) + BT aus L3 Nr. 5 × 0,8
= gewichtete Berechnungstage.

36) Ermittlung des vollstationären Abteilungspflegesatzes ohne Ausgleiche und Zuschläge: (laufende Nr. 21 von K7 abzüglich Nr. 23 von K7): Nr. 25 von K7.

37) MTD: Medizinisch-technischer Dienst.

38) Belegungstage der Fallpauschale (Spalte 4) × Basispflegesatz des Krankenhauses (vgl. den Hinweis auf die Kostenausgliederung in Fußnote 27).

Anlage 4 zu §17 Abs. 4 der Bundespflegesatzverordnung

Z Ergänzende Kalkulationsaufstellung für nicht oder teilweise geförderte Krankenhäuser

Z 1 Abschreibungen auf Anlagegüter
Z 2 Rücklagen
Z 3 Zinsen für Fremdkapital
Z 4 Zinsen für Eigenkapital
Z 5 Kalkulation des zusätzlichen Budgets und des Basispflegesatzes

Z   Ergänzende Kalkulationsaufstellung für nicht oder teilweise geförderte Krankenhäuser

Z 1   Abschreibungen auf Anlagegüter *)

lfd. Nr.	Anlagegüter mit einer Nutzungsdauer von mehr als 3 Jahren (Abgelaufenes Geschäftsjahr)	Anschaffungsjahr	Steuerrechtlich zulässiger Wert (§ 8 Abs.1)	Abschreibungssatz	Abschreibung		
					Vereinbarung für den lfd. Pflege-	Pflegesatzzeitraum	
						Forderung	Vereinbarung ***)
	1	2	3	4	5	6	7
	Abschreibungen insgesamt						
	./. Erlöse aus dem Verkauf von Anlagegütern **)						
	./. Abschreibungen § 8 Abs. 4						
Z 1	Berücksichtigungsfähige Abschreibungen insgesamt						

*) Anlagegüter mit einem Wert unter 20.000 DM können zusammengefaßt werden. Ergänzende Angaben auf besonderem Blatt. Pauschale Beträge nach § 8 Abs. 2 sind entsprechend einsetzen.

**) Abzüglich Restbuchwert

***) Vom Krankenhaus für die Verhandlung nicht vorzulegen. Die Spalte "Vereinbarung" für den Pflegesatzzeitraum ist Grundlage für den Krankenhausvergleich nach § 5 BPflV. Die für die Pflegesatzvereinbarung wesentlichen Ergebnisse sind von den Vertragsparteien gemeinsam festzulegen; das Krankenhaus nimmt eine weitere sachgerechte Untergliederung vor.

Z 2   Rücklagen § 8 Abs. 1 Satz 2 Nr. 1

Rücklagen	Vereinbarung für den lfd. Pflegesatz- zeitraum	Pflegesatzzeitraum	
		Forderung	Vereinbarung **)
Z 2 Abschreibungen (Summe Z 1, Spalte 7).....................DM x .....v.H.			

Z 3   Zinsen für Fremdkapital *) (§ 8 Abs. 1 Satz 2 Nr. 2)

lfd.	Kreditaufnahme		Zinssatz % p. a.	Dauer der Lauf- zeit in Monaten	Darlehensstand am Ende des		Zinsen im Pflegesatzzeitraum	
Nr.	am	DM			lfd. Pflegesatz- zeitraums	Pflegesatz- zeitraums	Forderung	Vereinbarung **)
	1	2	3	4	5	6	7	8
Z 3 Zinsen für Fremdkapital insgesamt								

Z 4   Zinsen für Eigenkapital (§ 8 Abs. 1 Satz 2 Nr. 3)

lfd.	Eigenkapital am Ende des		Zinssatz im Pflege- satz- zeitraum	Vereinbarung für den laufenden Pflegesatzzeitraum	Zinsen	
Nr.	lfd. Pflegesatzzeitraums	Pflegesatzzeitraums			Pflegesatzzeitraum	
					Forderung	Vereinbarung **)
	1	2	3	4	5	6
Z 4 Zinsen für Eigenkapital insgesamt						

*) Hier sind nur diejenigen Zinsen zu berücksichtigen, die nicht bereits als Betriebsmittelkreditzinsen in Anlage 3 aufgeführt sind.
) siehe Bemerkung zu *) bei Z 1

195

Z 5 Kalkulation des zusätzlichen Budgetsanteils für Investitionskosten

lfd. Nr.		Vereinbarung für den laufenden Pflegesatzzeitraum	Pflegesatzzeitraum	
			Forderung	Vereinbarung *)
1	Abschreibungen (Z 1)			
2	Rücklagen (Z 2)			
3	Zinsen für Fremdkapital (Z 3)			
4	Zinsen für Eigenkapital (Z 4)			
5	= zusätzliche pflegesatzfähigen Kosten nach § 8			
6	./. öffentliche Förderung (§ 8 Abs. 1 Satz 4)			
7	= zusätzlicher Budgetanteil			
	Aufteilung von Nr. 7 auf die Entgeltbereiche:			
8	1. Basispflegesatz			
9	2. Abteilungspflegesätze			
10	3. Sonderentgelte			
11	4. Fallpauschalen			

*) siehe Bemerkung zu ***) bei Z 1

Literaturverzeichnis

Baetge, J.: Grundsätze ordnungsmäßiger Buchführung und Bilanzierung, in: Handwörterbuch des Rechnungswesens, Herausgeber: Chmielewicz, K., Schweitzer M. u.a., 3. Auflage, Stuttgart 1993, Sp. 860-870

Ballwieser, W.: Bilanzanalyse, in: Handwörterbuch des Rechnungswesens, Herausgeber: Chmielewicz, K., Schweitzer, M. u.a., 3. Auflage, Stuttgart 1993, Sp. 211-221

Bofinger, W.: Verordnung über die Rechnungs- und Buchführungspflichten von Krankenhäusern (Krankenhausbuchführungsverordnung – KHBV), Abschnitt B (Musterkontenplan mit Erläuterungen); Abschnitt 0.3 (Ausgleichsposten aus Darlehnsförderungen – Bildung und Auflösung); Anhang zum Musterkontenplan, Abschnitt 01, Nr. 5, in: Dietz, O., Bofinger, W. (Hrsg.): Krankenhausfinanzierungsgesetz, Bundespflegesatzverordnung und Folgerecht, Kommentar, Wiesbaden, Stand: 21. Nachlieferung November 1996

Bundespflegesatzverordnung (BPflV) vom 26.09.1994 (BGBl. I S. 2750), zuletzt geändert durch die Dritte Verordnung zur Änderung der Bundespflegesatzverordnung vom 18.12.1995 (BGBl. I S. 2006)

Chmielewicz, K., Schweitzer, M. u.a. (Herausgeber): Handwörterbuch des Rechnungswesens, 3. Auflage, Stuttgart 1993

Coenenberg, A.G., Günther, E.: Cash-Flow, in: Handwörterbuch des Rechnungswesens, Herausgeber: Chmielewicz, K., Schweitzer, M. u.a., 3. Auflage, Stuttgart 1993, Sp. 301ff.

Dietz, O., Bofinger, W. (Hrsg.): Krankenhausfinanzierungsgesetz, Bundespflegesatzverordnung und Folgerecht, Kommentar, Wiesbaden, Stand: 21. Nachlieferung November 1996

Gesetz zur wirtschaftlichen Sicherung der Krankenhäuser und zur Regelung der Krankenhauspflegesätze (Krankenhausfinanzierungsgesetz – KHG) in der Fassung der Bekanntmachung vom 10.04.1991 (BGBl. I S. 886), zuletzt geändert durch das Gesetz zur sozialen Absicherung des Risikos der Pflegebedürftigkeit (Pflege-Versicherungsgesetz-PflegeVG) vom 26. Mai 1994 (BGBl. I S. 1014, 1055)

Gesetz zur Sicherung und Strukturverbesserung der gesetzlichen Krankenversicherung (Gesundheitsstrukturgesetz-GSG) vom 21.12.1992 (BGBl. I S. 2266), zuletzt geändert durch das Fünfte Gesetz zur Änderung des Fünften Buches Sozialgesetzbuch und anderer krankenversicherungsrechtlicher Vorschriften (Fünftes SGB V-Änderungsgesetz – 5. SGB V-ÄndG) vom 18.12.1995 (BGBl. I S. 1986)

Gesetz zur Stabilisierung der Krankenhausausgaben 1996 vom 22.11.1995 (BGBl. I 1996, S. 654)

Haberstock, L.: Kostenrechnung I, 9. Auflage, Hamburg 1997

Hentze, J., Kehres, E.: Kosten- und Leistungsrechnung in Krankenhäusern, 3. Auflage, Köln 1996

Hummel, S., Männel, W.: Kostenrechnung 1: Grundlagen, Aufbau und Anwendung, 4. Auflage, Wiesbaden 1990

Kehres, E.: Kosten und Kostendeckung der ambulanten Behandlung im Krankenhaus, Essen 1994

Krankenhausgesetz des Landes Nordrhein-Westfalen vom 03.11.1987 (Gesetz- und Verordnungsblatt für das Land Nordrhein-Westfalen, S. 392)

Richtlinie der Bundesärztekammer zur Qualitätssicherung ambulanter Operationen, Stand 13.04.1994, veröffentlicht in: Deutsches Ärzteblatt, Heft 38 vom 23.09.1994, S. 1868-1870

Saul, H.-J.: Materialkosten, in: Chmielewicz, K., Schweitzer, M. u.a. (Hrsg.): Handwörterbuch des Rechnungswesens, 3. Auflage, Stuttgart 1993, Sp. 1394ff.

Sozialgesetzbuch, Fünftes Buch, Gesetzliche Krankenversicherung vom 20.12.1988 (BGBl. I S. 2477), zuletzt geändert durch das Sechste Gesetz zur Änderung des Fünften Buches Sozialgesetzbuch, 6. SGB V-ÄndG vom 18.12.1995 (BGBl. I S. 1987)

Vereinbarung von Qualitätssicherungsmaßnahmen beim ambulanten Operieren gemäß § 14 des Vertrages nach § 155b Abs. 1 SGB V, Stand 13.06.1994

Verordnung zur Regelung der Krankenhauspflegesätze (Bundespflegesatzverordnung – BPflV) als Artikel 1 der Verordnung zur Neuordnung des Pflegesatzrechts vom 26. September 1994 (BGBl. I S. 2750)

Verordnung über die Rechnungs- und Buchführungspflichten von Krankenhäusern (Krankenhaus-Buchführungsverordnung – KHBV) vom 10. April 1978 (BGBl. I S. 473) in der Bekanntmachung der Neufassung der Krankenhausbuchführungsverordnung vom 24. März 1987 (BGBl. I S. 1045), § 8

Vertrag „Ambulantes Operieren im Krankenhaus" nach § 115 b Abs. 1 SGB V vom 23.03.1993

Wöhe, G.: Bilanzierung und Bilanzpolitik, 8. Auflage, München 1992

Stichwortverzeichnis